MEMOIRE,

P O U R Demoiselle Eleonore-Therese de Lorme, fille de deffunt Sieur Loüis de Lorme, Commissaire aux Revüës d'Arc en Barrois, & de Dame Nicole Parisel, Demanderesse.

CONTRE Me Jean-Baptiste Rapalli, Conseiller du Roy, Tresorier de France en la Generalité de Paris, Deffendeur.

I L n'est pas sans exemple qu'une fille envisage plus la per-sonne que le bien dans le choix qu'elle fait d'un mary; & alors on comprend sans peine qu'en se dégoûtant de la per-sonne, elle peut vouloir secoüer un joug que l'inclination ne soutient plus, & qui n'est adouci par nul autre endroit. Mais lorsqu'une fille a esté engagée dans le mariage par le seul attrait de la fortune, on ne conçoit pas que sans un motif extraordinaire, supe-rieur à toutes les raisons humaines, elle entreprenne de rompre des nœuds que l'interest a formés, & dont elle perdroit tout le fruit s'ils étoient rompus.

C'est néanmoins le paradoxe étonnant qui s'offre à l'esprit dans cette Cause. Le sieur Rapalli, malgré le parti qu'il a pris de tout nier, a eu pourtant la modestie de laisser croire que ce n'est pas sa personne, mais son bien qui a déterminé au mariage dont il s'agit; & quand il auroit voulu laisser douter de ce fait, les seules clauses du Contrat le rendroient certain. Un doüaire de 6000. liv. de rente, une donation universelle de tous ses biens : rien ne marque mieux l'envie qu'il a eu de surprendre, à à force de liberalités, le consentement de la mere & du beau-pere de la Demoiselle de Lorme, pour la forcer elle-même à donner le sien.

D'où vient donc que la Demoiselle de Lorme reclame aujourd'huy contre un mariage qui lui devoit être si avantageux? c'est que moins sensible aux tentations de l'interest qu'aux mouvemens de la conscience, elle ne peut reconnoistre pour époux un homme qu'elle n'a point con-senti d'épouser. C'est qu'il ne lui est pas permis de regarder comme le concours de deux volontez, un engagement auquel la sienne n'a point eu de part : c'est qu'en un mot la benediction nuptiale n'ayant point

A

2

d'effet fans le confentement des Parties, on ne peut pas dire qu'il y ait eu un mariage, où il n'y a point eu de choix ni de liberté.

La feule peine de la Demoifelle de Lorme eft de ne pouvoir établir fon droit, fans fe plaindre d'une mere qui lui a toujours efté infiniment chere, & d'un beau-pere à qui elle a l'obligation d'une éducation diftin-guée. Mais plus elle fe loüe de leurs bontez dans les autres occafions de la vie, moins elle paroîftra fufpecte lorfqu'elle dira que dans celle-ci, qui étoit la plus importante, elle a efté indignement facrifiée.

F A I T.

La Demoifelle de Lorme née le 15. Octobre 1709. n'avoit que cinq ans lorfqu'elle perdit fon pere; elle a depuis demeuré en differens Con-vens jufqu'à fa quatorziéme année.

En 1716. la Dame Parifel fa mere époufa le fieur Dupin, qui regar-dant cette jeune fille comme la fienne propre, eut pour elle toutes les attentions de pere, & chercha avec impatience l'occafion de la marier avantageufement.

Il fe prefenta plufieurs partis qui ne furent pas agréez. Le fieur Rapalli l'auroit moins efté que tout autre s'il eût confulté la Demoifelle de Lor-me. Mais en homme de fortune qui fçavoit le pouvoir de l'argent, il s'a-dreffa tout d'un coup à la mere, & lui fit écrire par le fieur de Batiffe fon ami, que fi elle vouloit lui donner fa fille en mariage, il lui feroit une donation de tout fon bien en l'époufant. Cette mere éblöuie de la pro-pofition, en fit part au fieur Dupin fon mari, qui n'en fut pas moins charmé. Le fieur Rapalli paffoit pour riche, il offroit de donner tout fon bien par Contrat de mariage : en falloit-il davantage pour féduire des parens intereffez?

Il fut queftion après cela de voir la Demoifelle de Lorme. Le fieur Rapalli ami du fieur de Batiffe qui a une maifon de campagne à Boulo-gne, convint avec lui qu'ils s'y rendroient un certain jour, & que de-là ils iroient à S. Cloud chez le fieur Dupin, où fe feroit l'entrevûe. Le fieur Rapalli, pour mieux juger de tout fans fe commettre, s'avifa de déguifer fon nom & fon état, en fe faifant appeller Lagrange, & fe donnant pour Medecin, ajoutant même qu'il étoit marié, & avoit deux enfans. Ce fut fous ce nom & cette qualité qu'il s'introduifit dans la maifon du fieur Dupin; la Demoifelle de Lorme ne foupçonnoit pas qu'il eût d'autres vûës.

Ce déguifement myfterieux continua pendant quelque temps; mais à la fin du mois d'Aouft 1726. la Demoifelle de Lorme apprit enfin par fa mere que celui qui s'étoit montré à fes yeux fous le nom de Lagrange s'appelloit Rapalli; que c'étoit un Tréforier de France, & non un Me-decin, qu'il joüiffoit déja de 45000. liv. de rente, & que fes pere & mere qui étoient vivans à Genes, lui laifferoient encore 30000. liv. de rente dans leurs fucceffions; qu'enfin cet homme fi riche étoit l'époux que le fieur Dupin fon beau-pere lui deftinoit.

A cette nouvelle, la Demoifelle de Lorme demeura interdite & con-fternée. La mere qui s'apperçût de fa repugnance, mit tout en ufage pour la furmonter; elle lui reprefenta, que n'ayant pas de bien du chef de son pere, toutes ses esperances dépendoient du sieur Dupin son beau-pere qui ne manqueroit pas d'estre irrité de son refus, & de se porter à des extremités fâcheuses; que d'ailleurs le sieur Rapalli qui la demandoit en mariage, lui assureroit un doüaire de 6000 liv. & lui feroit de plus une donation universelle par le Contrat; qu'ainsi c'étoit se refuser à un établissement brillant & solide que de ne vouloir pas accepter ce parti. Toutes ces raisons ne persuaderent point la Demoiselle de Lorme; elle répondit naïvement qu'elle ne pouvoit souffrir le sieur Rapalli, & que dans ces dispositions on ne devoit pas exiger d'elle qu'elle l'épousât.

La mere allarmée de sa résistance, espera que le sieur Dupin en triompheroit. Il fit, en effet, valoir auprès de la Demoiselle de Lorme toute l'autorité que ses attentions & ses bienfaits lui avoient acquise jusques là sur elle; & ne pouvant rien obtenir par insinuation ni par douceur, il en vint aux duretés & aux menaces, en lui déclarant que si elle ne se rendoit à ses intentions, il la tiendroit enfermée dans un Convent & l'abandonneroit pour toujours.

Il est plus aisé de concevoir que d'exprimer l'impression que fit sur elle ce discours. Le sieur Dupin lui tenoit lieu de pere depuis long-tems; il l'avoit accoutumée à des bontés qu'elle étoit sur le point de perdre. Sa reconnoissance, son devoir, son goût l'engageoient à le ménager. Mais d'un autre côté, en faisant ce qu'il souhaitoit, elle s'exposoit à passer sa vie avec un homme qu'elle n'aimoit point, qu'elle ne pouvoit aimer; & elle ne croyoit pas devoir sacrifier le repos de sa vie & peut-estre sa vie même à une telle complaisance. Tout ce qu'elle pût faire dans ce combat de sentimens, fût de fondre en larmes & de demander à son beau-pere s'il étoit las de la garder chez lui, & s'il vouloit la rendre éternellement malheureuse, pour se décharger en partie de l'obligation qu'il s'étoit imposée par son Contrat de mariage, d'entretenir jusques à l'âge de 20 ans les enfans du premier lit.

Quelque touchant que fût ce langage, le sieur Dupin n'en fut point émû. Il n'étoit frapé que d'un seul objet qui étoit la fortune aparente du Sr Rapalli; & bien loin de rompre ou de suspendre l'affaire, il lui parut important d'en précipiter la conclusion pour se souftraire aux reproches des parens de la Demoiselle de Lorme, & empêcher que ses plaintes ne parvinssent jusqu'à eux. Il partit donc brusquement de S. Cloud, & se rendit à Paris pour examiner le projet des articles du Contrat de mariage, dont il avoit genereusement laissé le soin au sieur Rapalli.

Dès qu'il eût esté content du projet, il ne songea qu'à lui donner l'authenticité de la forme. Mais pour en déguiser les apparences aux yeux de la Demoisemoiselle de Lorme, il eût recours à deux artifices. Il publia aussi-tôt après son retour, qu'il venoit de vendre sa maison de Paris au sieur Rapalli, toujours sous le nom de la Grange, & qu'il étoit sur le point de lui vendre pareillement celle de S. Cloud: c'étoit pour jetter l'allarme dans sa famille sur la résolution où il paroissoit estre de vendre ses immeubles, & pour disposer la Demoiselle de Lorme à ne lui pas résister davantage, de peur qu'il ne se portât à des partis encore plus violens. Il s'avisa ensuite de faire venir deux Notaires à S. Cloud, l'un sous la fausse qualité d'Architecte, pour visiter, disoit-il, la maifon qu'il a dans ce lieu-là, avant que d'en conclure le marché; & l'autre fous fa vraye qualité de Notaire, pour paffer le Contrat de vente de cette maifon : c'étoit une feconde rufe imaginée pour effrayer la Demoifelle de Lorme par la crainte de ne plus joüir de l'agrément d'une maifon fur laquelle peut-être les bontés du fieur Dupin lui avoient donné des efperances de proprieté; mais c'étoit principalement pour ne la point allarmer par avance fur le Contrat de mariage, & pour en éloigner l'idée de fon efprit jufqu'au moment où on devoit le lui faire figner.

Ce moment fe fit peu attendre. Le fieur des Batiffe qui avoit propofé le premier ce mariage, & qui en conduifoit toute l'intrigue, fe fit un malheureux point d'honneur de réüffir dans fon entreprife; il alla trouver la Demoifelle de Lorme dans fa Chambre, où il lui étala de nouveau les Richeffes du fieur Rapalli pour la déterminer à l'époufer. Elle venoit de la Chambre du fieur Abbé de Bremond, Prêtre & Precepteur de fes freres, où elle avoit réiteré fes plaintes fur la contrainte qu'on lui impofoit. Cette nouvelle attaque la défefpera; elle refufa long-tems de fortir de fa Chambre pour aller dans celle où le Contrat étoit préparé. Le fieur des Batiffe redoubla inutilement fes inftances; elle n'eût pas de peine à y réfifter. Mais fa fermeté ne pût tenir contre fa mere & fon beau-pere. On lui prefente la plume pour figner; elle fait de nouveaux efforts pour s'en défendre; enfin intimidée par la prefence & les difcours de ceux à qui elle étoit dans l'habitude d'obéir, elle met d'une main tremblante fa fignature au bas du Contrat : cet acte eft du cinq Septembre 1726.

Après une démarche qui lui avoit coûté tant de peines, on lui laiffa 4 jours d'intervalle pour calmer fes agitations. Elle avoit pour Confeffeur ordinaire un Capucin qui connoiffoit fa famille; on appréhenda que fi à l'occafion de la Fefte de la Nativité de la Vierge, elle alloit à Confeffe à lui, elle ne lui parlât de fa fituation, & que le Confeffeur n'en fît des reproches à fes parens; fa mere la mena à un Confeffeur extraordinaire, qui étoit le pere Joüin, Provincial des Jacobins, & lui défendit expreffément de l'informer de fon mariage. La crainte de bleffer des ordres qu'elle avoit toujours refpectés, lui fit en effet garder le filence fur ce point; & la mere profitant de la confeffion que fa fille avoit faite le jour de la Fefte, pour tenir lieu de celle qu'on fait avant que de fe marier, fe fit donner par le Pere Joüin un certificat de cette confeffion.

Le 9 Septembre, on la conduifit de S. Cloud à Paris pour la ceremonie des Fiançailles. On ne fe fervit point pour cela des Carroffes du fieur Dupin, ni de ceux d'aucun parent; on prit des Carroffes de Remife pour faire la chofe plus fecrettement, & on affecta de ne mener aucun Domeftique de la Maifon. Les Fiançailles ne furent pas plus libres que l'avoit efté le Contrat de mariage; & auffi-tôt après la ceremonie, au lieu de remener la fiancée chez elle, comme cela fe pratique ordinairement, on la mena dans le Jardin d'un Traiteur, au Fauxbourg S. Denis, où l'on attendit l'heure deftinée pour la celebration, de peur que fi on eût perdu de vûë la Demoifelle de Lorme, elle n'eût trouvé

le

le moyen d'échapper à la contrainte. Ce fut dans ce Jardin où malgré l'envie qu'on avoit de faire diversion à sa douleur par l'enjoüement affecté du repas, elle ne cessa de pleuror.

Mais un fait important dont tous les assistans furent témoins, c'est que dans ce Jardin elle se jetta aux pieds de son beau pere & de sa mere, & les conjura de ne la pas marier à un homme qu'elle détestoit ; & pour ne les point trop irriter en leur proposant de rompre absolument l'affaire, elle leur demanda en grace d'en retarder du moins de huit jours la conclusion. La mere parut sensible à cette priere ; elle eût même le courage de déclarer au sieur Dupin qu'il répondroit devant Dieu de la contrainte qu'il exerçoit sur sa fille, pour lui donner un mari malgré elle ; le sieur des Batisses ne paroissoit pas opposé au court délay que la Demoiselle de Lorme demandoit ; le sieur Dupin lui-même étoit ébranlé. Malheureusement un autre de la compagnie trouva qu'il y avoit de la foiblesse à ceder & du péril à remettre ; il n'en fallut pas davantage pour affermir le St Dupin dans sa premiere résolution ; il dit, avec emportement, qu'il ne vouloit point qu'on différât, & menaça la Demoiselle de Lorme, si elle n'épousoit le sieur Rapalli, de l'enfermer dès le lendemain dans un Convent, & de l'abandonner pour toujours.

On partit donc de chez le Traiteur sans domestiques, sans parens, & dans les mêmes carrosses de loüage dont on s'étoit servi pour y aller. On arriva à S. Eustache sur les quatre heures du matin, où tout étoit préparé pour le sacrifice qu'on alloit faire. Le sieur Rapalli qui craignoit toujours que le hazard ne fist trouver dans l'Eglise quelques personnes qui fussent témoins de la violence, eut la précaution de faire donner un écu de 6 liv. au Suisse, pour tenir les portes fermées pendant la ceremonie. Les Parties se presentgrent devant le Prêtre qui leur fit les interrogations ordinaires. Mais quand il demanda à la Demoiselle de Lorme si elle prenoit le sieur Rapalli pour époux, elle répondit *non*, & d'une voix assez haute pour estre entenduë. A ce mot le beau-pere indigné, dit à la Demoiselle de Lorme en s'approchant d'elle, *dis donc oüy*, à quoi elle ne répliqua que par un silence profond qui confirmoit sa premiere réponse. Cependant, soit que le celebrant n'ait pû se persuader qu'elle fût venuë à l'Eglise pour faire une réponse contraire au motif apparent qu'il l'y avoit conduit, soit que penetré de cette pensée, il ait crû entendre ce qu'il supposoit qu'elle devoit dire, il acheva les autres ceremonies du mariage ; mais un fait certain, dont les assistans furent témoins, c'est que la Demoiselle de Lorme se trouva mal, & fut obligée de s'asseoir pendant la Messe.

Dès que la ceremonie fut finie, elle voulut sortir de l'Eglise pour se dispenser de signer l'acte de celebration ; on courut incontinent après elle, & à force d'instances & de menaces on extorqua sa signature. Elle reprit le chemin de S. Cloud aussi-tôt après, & toujours dans les mêmes carrosses de loüage qui l'avoient amenée à Paris, sans avoir avec elle aucun domestique ni aucun parent. Ce ne fut qu'à son arrivée qu'on publia son mariage dans le lieu. Les étrangers & les gens de la maison furent également surpris du mystere qu'on en avoit fait ; ils n'en apprirent la

B

caufe que par le chagrin & les pleurs de la Demoifelle de Lorme, qui
ne feignoit point de dire à tous ceux qui lui faifoient compliment fur
fon mariage, qu'elle ne comptoit point d'être mariée, & que tout ce
qu'elle avoit fait n'étoit dû qu'à la force & à la contrainte. Elle commença par s'enfermer dans fa chambre, & fe coucha feule dans fon lit
ordinaire. On la laiffa dans fa folitude pendant quelques heures, fous pré-
texte qu'elle n'avoit point dormi la nuit précedente; mais elle ne paffa
ce temps-là qu'en gemiffemens & en pleurs. L'heure du dîner étant venuë on la tira de fa chambre, & on la força de fe mettre à table avec la
compagnie. Elle ne mangea point pendant tout le temps du repas; &
quelque foin qu'on prît de l'égaïer, elle ne fortit pas un feul inftant
de l'accablement de trifteffe où fa fituation l'avoit jettée.

On fondoit de grandes efperances fur la nuit; mais avant la fin du fouper
elle fe déroba à la compagnie, & s'alla enfermer dans fa chambre pour
fe coucher dans fon lit ordinaire. Sa mere s'étant apperçuë de fa retraite,
courut à fa chambre, où elle la trouva plus affligée que jamais. En vain
elle lui reprefenta qu'il falloit fe faire honneur d'une chofe à laquelle il
n'y avoit point de remede; qu'elle ne devoit plus eftre occupée que du
foin de plaire au fieur Rapalli, & que ce feroit l'indifpofer à jamais contr'elle que de lui refufer ce que les maris ont droit d'attendre de leurs
femmes : ce difcours augmenta fa douleur loin de l'adoucir, & malgré
toute la refiftance dont fon état la rendoit capable, fa mere l'ar-
racha par force de fa chambre pour la mener dans celle qui étoit deftinée au fieur Rapalli; & fur le champ, aidée de deux Femmes de chambre, elle la deshabilla & la mit dans le lit. A peine la Demoifelle de Lorme fut-elle avec lui, que la feule crainte de fes approches l'obligea de
dire qu'elle fe trouvoit mal : il fe leva auffi-tôt pour lui donner de l'Eau
de Meliffe; mais elle demeura évanoüie très-long-temps, & le feul fecours qu'elle lui demanda, fut de vouloir s'éloigner d'elle.

Le lendemain elle fe refugia dans la chambre de fes freres, & confia
de nouveau fes peines au fieur Abbé de Bremond leur Précepteur. Elle
lui dit qu'elle n'avoit plus d'efperance que dans la mort, qui termineroit
bien-tôt, felon apparences, fes jours malheureux. La mere & le beau-
pere ne perdoient pas pour cela courage; ils la firent coucher cinq nuits
en differens temps avec le fieur Rapalli, comptant toujours fur le pouvoir du temps & de l'habitude; mais ces nuits furent pour elle un temps
de fuplice & de defefpoir. Tantôt aux moindres approches du fieur Rapalli, elle fe jettoit précipitamment fur le parquet, & l'arrofoit de fes larmes, tantôt effrayée d'un poignard qu'elle avoit aperçû fous le chevet du
lit, & dont le fieur Rapalli l'avoit menacée plufieurs fois, elle craignoit
à chaque inftant une fin tragique, quelquefois elle s'adreffoit à fa mere
& à fon beau-pere, qui croyoient ne devoir pas entrer dans fes peines
pour l'accoutumer à les vaincre; fa feule reffource étoit l'intereft que les
domeftiques paroiffoient y prendre. Ils voyoient avec étonnement celui
qui s'étoit annoncé fous le nom de la Grange & fous la qualité de Medecin, devenu tout d'un coup fon mary par la violence de fes parens; ils
connoiffoient l'antipathie invincible qu'elle avoit pour lui, & par cette
connoiffance ils jugeoient de tout ce qu'elle devoit fouffrir.

Enfin le fieur Rapalli n'ayant pû changer fon cœur, ni rien obtenir d'elle, forma des deffeins de vengeance, & dit au fieur Abbé de Bremond qu'il defefperoit d'en venir à bout tant qu'elle feroit chez fon beau-pere où elle fe croyoit appuyée; mais que fi une fois il la tenoit à Paris dans fa maifon, il fçauroit bien la punir de fa refiftance & de fes plaintes. La mere & le beau-pere, fans fçavoir encore les mauvaifes intentions du fieur Rapalli, n'oublierent rien pour engager leur fille à aller chez lui; le beau-pere l'y attira même deux fois par une efpece de furprife; mais comme elle étoit en compagnie, & qu'on appréhendoit l'éclat, on ne voulut pas lui faire violence pour y refter. Elle demanda pour toute grace à fon beau-pere de la mettre dans un Convent; il ne crut pas que cela convint, & tâchoit toujours de lui perfuader qu'elle ne pouvoit refufer de demeurer avec fon mary. Elle répondit avec fermeté que le fieur Rapalli ne l'étoit point, & qu'elle ne le regarderoit jamais fur ce pied-là.

Le fieur Rapalli piqué de l'obftination de fon refus, lui fit faire une fommation de venir chez lui; l'acte lui fût fignifié le 4 Novembre dernier. Elle repondit qu'elle ne pouvoit & ne devoit point y aller, & qu'elle en expliqueroit en tems & lieu les raifons : Mais en même tems elle crût devoir fe précautionner contre la violence, en obtenant de l'autorité du Roy, la permiffion de fe retirer dans le Convent des Recolettes, ruë du Bacq. Ce fût là qu'elle commença à joüir de la liberté dont on lui avoit, depuis long-tems, interdit l'ufage. Les premiers jours qu'elle paffa dans cet azile, furent employés de fa part à prendre confeil fur fon mariage; elle fçavoit bien qu'il étoit nul dans fon cœur par la répugnance qu'elle y avoit toujours eûë, & par les violences qui l'y avoient forcée; la feule difficulté étoit de fçavoir fi elle pouvoit parvenir à en faire prononcer la nullité dans les Tribunaux; & cette queftion dépendoit de la verité des faits qu'elle vient d'expofer, parce que l'effence du mariage confifte dans le confentement des Parties, & qu'un mariage où il n'y a point eû de liberté, eft nul de plein droit.

Inftruite des principes, & affûrée de fes faits, elle forma le deffein de fe pourvoir; il falloit pour cela une affemblée de parens, afin de lui nommer un Tuteur *ad hoc*. Elle s'adreffa à M. le Lieutenant Civil qui ordonna que les parens feroient affemblés. Les fuffrages des parens furent favorables à fes vûës; M. le Lieutenant Civil ne s'en tint pas là; il crût que dans une matiere de cette importance, & qui intereffoit le public, il falloit avant toutes chofes entendre la perfonne qui fe plaignoit de la contrainte, & qui vouloit fur ce fondement, faire déclarer fon mariage nul.

Ce Magiftrat fe tranfporta donc dans le Convent où eftoit la Demoifelle de Lorme. Elle lui expliqua les motifs qui la déterminoient à intenter fa demande, & les principaux faits de violence fur lefquels elle prétendoit l'appuyer. Ces faits parurent trop importans pour ne les pas approfondir, & fur le procès verbal qui en fût dreffé, il y eût un Tuteur nommé à la Demoifelle de Lorme. C'eft après toutes ces précautions, que fa demande a été portée à l'Officialité. Sa Caufe y a été plaidée avec la force & l'éloquence que la verité infpire; on devroit craindre de retoucher une matiere qu'une main fi habile a maniée; mais comme dans le grand nombre de faits & de moyens qui ont eté plaidez, il s'en pourroit trouver quelques uns qui fuſſent échapez de la mémoire, on a crû les devoir remettre en abregé aux yeux des Juges & du Public.

Ces faits ne ſont proprement que l'extrait du recit qu'on vient de faire de la conduite tenuë par la mere & le beau-pere de la Demoiſelle de Lorme, pour la contraindre à épouſer le ſieur Rapalli ; ils ont été réſumés ſéparément & par ordre dans la premiere Requeſte que la Demoiſelle de Lorme a preſentée à M. l'Official ; on n'en repetera point icy le triſte détail dans le même ordre, parce qu'il n'eſt pas poſſible d'en fixer le nombre, & que toutes les circonſtances de la contrainte tendent à un même objet, qui eſt de la caracteriſer & d'en établir la preuve ; on dira ſeulement que toutes ces circonſtances raſſemblées découvrent une violence faite à la volonté de la Demoiſelle de Lorme, une ſuite de contraintes exercées ſur elle pour diſpoſer de ſa perſonne ſans ſon aveu, un acharnement tyrannique à ne déferer qu'aux vûës d'intereſt, plûtôt qu'à ſon conſentement & à ſon choix, en un mot un état d'obſeſſion & de ſervitude, qui ne lui laiſſoit que la malheureuſe liberté des gémiſſemens & des larmes. Faiſons d'abord ſur cela quelques obſervations importantes, avant que d'entrer dans les moyens.

Obſervations préliminaires ſur le mariage en queſtion.

Si on regarde cette entrepriſe dans ſon principe, on trouve qu'elle a commencé par le déguiſement artificieux du nom & de l'état du ſieur Rapalli. Un ami s'aviſe de l'introduire ſous le faux nom de *la Grange*, & & ſous la fauſſe qualité de Medecin, dans la maiſon du beau-pere ; c'étoit apparemment pour ſonder le goût de la Demoiſelle de Lorme avant que de ſe déclarer. Cette épreuve ne lui eſt pas heureuſe ; une antipatie naturelle dont il ne faut demander compte à perſonne, prévient la Demoiſelle de Lorme contre lui ; elle ne feint point de s'en expliquer à ceux qui lui en parlent ; il auroit dû s'en tenir là. Cependant de concert avec cet ami officieux qui le produiſoit, il forme le hardi projet de l'épouſer malgré elle ; il étale ſes richeſſes aux yeux du beau pere, & l'intereſſe dans ſon parti. Ne ſont ce pas là des démarches imprudentes d'un riche orgüeilleux qui trouve mauvais que le cœur d'une fille lui reſiſte, & qui veut emporter par autorité ce qu'il ne peut obtenir de l'inclination ?

Si l'on examine les moyens qui ont eſté employez dans la ſuite pour faire réüſſir ce complot, il paroiſt que le ſieur Rapalli & ſes adherans n'ont compté que ſur le déguiſement & la fraude. Deux Notaires partent de Paris avec un Contrat de mariage tout dreſſé, dont il avoit lui-même diſté les clauſes ; il ne veut point effrayer d'abord la Demoiſelle de Lorme en lui annonçant ce Contrat, & la profeſſion de ceux qui venoient le lui preſenter ; il engage le beau-pere à déclarer fauſſement qu'il vend ſa maiſon de S. Cloud ; il donne l'un de ces Notaires pour Architecte, qui en cette qualité viſite la maiſon du haut en bas, ſe fait ouvrir les caves, examine les gros murs ; & il donne l'autre pour celui qui devoit paſſer le Contrat de vente de cette maiſon. Ce n'étoit là qu'une ſuppoſition & une tromperie ; le véritable motif du voyage de ces deux Notaires étoit

de

de faire figner à la Demoifelle de Lorme le Contrat de mariage qui avoit
efté dreffé à Paris à fon infçû : tout le refte n'étoit qu'un menfonge ima-
giné pour la rendre docile fur cette fignature, par la crainte que fon
beau-pere qui difoit déja avoir vendu fa maifon de Paris, ne vendît encore celle de S. Cloud, & les autres immeubles qu'il poffedoit. Cette
démarche laiffe-t-elle appercevoir la bonne foy neceffaire pour former
un mariage libre? A-t-on befoin de fupercherie & d'artifice, quand on
ne veut point forcer le goût de la perfonne qu'on a deffein d'époufer?

Les autres circonftances qui ont précedé le mariage dont il s'agit, ne
font pas moins fufpectes ni moins odieufes. On affecte de n'en point parler dans la famille, nul parent n'eft appellé au Contrat, nul n'affifte à la
celebration. Quel intereft auroit-on eu d'en faire un myftere fi les chofes
fe fuffent paffées librement? le Sr Rapalli étoit riche, il n'en falloit pas davantage pour trouver ce parti avantageux. Pourquoy donc n'en a-t-on
pas donné connoiffance à la famille? C'eft qu'on ne vouloit pas rendre les
parens témoins de la violence qu'on faifoit à la Demoifelle de Lorme, c'eft
qu'on apprehendoit qu'il ne s'en trouvât d'affez raifonnables pour s'élever contre un beau-pere féduit qui la facrifioit à fon avarice, en la for-
çant d'époufer un homme dont la figure & les manieres lui étoient également en horreur. On ne fçauroit donner un autre motif au fecret qu'on
a gardé pendant le cours de l'intrigue. Il n'eft pas même jufqu'aux domeftiques qui n'ayent efté redoutez dans cette occafion. Les Cochers, les
Laquais, les Carroffes de la maifon ont efté laiffez à S. Cloud, pendant
que des Carroffes de loüage & des Cochers inconnus ont conduit la Demoifelle de Lorme à Paris. Quel autre motif encore une fois a pû faire
prendre cette précaution, fi ce n'eft la crainte que les domeftiques at-
tendris ne murmuraffent de la violence, & que par leurs murmures ils
n'élevaffent les cris du Public contre ceux qui en étoient les auteurs.

Quand il n'y auroit d'autre préfomption de contrainte, que celle
qui fe tire du Contrat de mariage, où l'on ne voit avec les fignatures
des deux Parties, que la fignature du beau-pere, celle de la mere, &
celle du fieur des Batiffes, on ofe dire que cette prefomption dans le cas
prefent a toute la force d'une preuve, parce qu'enfin, il eft d'ufage
d'affembler les parens pour les mariages qui fe font dans les familles,
fur-tout lorfque les partis font avantageux du côté de la fortune. Si on
ne voit donc, malgré l'opulence fpécieufe du fieur Rapalli, aucun parent de la Demoifelle de Lorme, qui ait affifté au Contrat de mariage,
ni à la celebration, il n'en faut pas chercher d'autre caufe que l'intereft qu'on a eu de cacher à fa famille la réfiftance invincible qu'elle
rapportoit à ce mariage, & l'abus odieux que le beau-pere a fait de
fon autorité, pour l'y contraindre. Cette preuve eft indépendante de
celle qu'on a lieu d'attendre du langage des témoins; elle réfulte du
Contrat même de mariage, & de l'acte de celebration; mais elle eft
du moins fi naturelle & fi fenfible qu'elle met les Juges dans la néceſ-
fité d'aprofondir les autres faits qui concourrent au même but. Il faut
montrer prefentement que ces faits font un obftacle effentiel à la liberté du mariage, & que par confequent ils le rendent nul.

C

Les faits de contrainte articulés par la Demoiselle de Lorme,
forment une nullité radicale dans le mariage dont il s'agit.

Tous ces faits tendent à la même fin, qui est l'établissement du défaut de liberté; & ce défaut est celui de tous qui blesse le plus l'essence & le caractere du mariage. Le consentement des Parties a esté dans tous les tems, & chez toutes les Nations, la premiere condition de ce lien indissoluble. La Religion en l'élevant parmi nous à la dignité de Sacrement y a ajouté d'autres formalités pour l'ordre public & l'interest des familles; mais elle a exigé sur toutes choses la détermination libre de la volonté; & si l'état du mariage, quoiqu'embrassé volontairement, est pour bien des gens une source de chagrins & de malheurs : que ne doivent pas craindre ceux qui y ont esté engagés malgré eux par des impressions étrangeres, ausquelles ils étoient incapables de résister.

Ce n'est pas même pour le mariage seul que la liberté du consentement est indispensable; tous les actes de la societé civile dépendent de la même condition; ensorte que s'ils ne doivent leur existence qu'à la force ou à la crainte, ils sont regardés comme nuls dans leur principe, & ne produisent aucun effet. Mais comme le mariage est de tous les engagemens celui qui est le plus étendu dans ses suites & le moins sujet au changement de volonté, il exige aussi plus de liberté & de choix que tous les autres pour le contracter valablement. Ces principes sont si certains qu'ils dispensent de la preuve; les proposer, c'est les établir.

Il est vray qu'on ne donne pas à toutes sortes de craintes indistinctement le pouvoir de rompre des engagemens contractés; ce seroit porter la facilité trop loin en cette matiere, que de faire dépendre les actes de toutes les foiblesses dont l'esprit humain est susceptible; il faut que la crainte qui a donné lieu à un engagement, ait esté assez forte & assez puissante pour ébranler une ame ferme; c'est ainsi que cette crainte est caracterisée par les Loix, *quæ cadit in constantem virum;* & de-là les Docteurs concluent que le Jugement qu'on doit porter de l'effet qu'a pû produire la crainte, se regle par le caractere & la disposition d'esprit de ceux qui l'alleguent. On suppose, par exemple, qu'un homme d'un certain âge & d'un certain état qui trouve dans son experience & ses lumieres un fond de fermeté & de ressources contre les évenemens de la vie, ne doit pas succomber aux mêmes menaces qui triompheroient d'une jeunesse timide & ignorante. On suppose aussi à plus forte raison, que les femmes sont plus faciles à s'effrayer que les hommes, parce que leur sexe est plus foible; & par une suite nécessaire du même principe, on doit penser qu'une jeune fille de 16 ans élevée dans la simplicité de l'obéissance & du devoir, est encore moins capable de résister aux menaces des personnes sous l'autorité desquelles elle a vécu.

C'est la décision de la glose sur le chap. 14. *de sponsalibus,* en ces termes, *minor tamen metus magis excusat fœminam quàm virum.* C'est aussi le sentiment de Covarruvias dans le chapitre *de matrimonio,* tom. premier, part. 2. §. 4. Nomb. 15. & 16. où après avoir observé qu'il est de la prudence du Juge d'examiner quel genre de crainte peut déterminer un homme malgré lui à contracter un mariage, il ajoute que cet examen ne doit pas se faire avec la même rigueur pour une femme que pour un homme, parce qu'elle n'a pas naturellement la même force : *Index arbitrio proprio decernere debet, non ita anxiè atque strictè hanc eligendi prudentiam eligendam esse in fœminis quibus à natura inest minor animi vigor corporisque fortitudo. Sed considerandum esse, quid fœmina constans eligeret pensatâ naturali fœminarum prudentiâ. Aliquid enim cogeret fœminam etiam constantem ad eligendum id quod vir constans minimè eligeret.* C'est le langage de ce Docteur : & il seroit facile d'en citer d'autres qui autorisent la même distinction ; mais elle est fondée sur le bon sens, & il n'est pas besoin d'autorité pour l'appuyer, parce que toutes les fois qu'il s'agit de juger de l'impression qu'a pû faire la crainte dans un esprit, on considere la qualité, l'âge, le sexe de la personne qui s'est engagée par ce motif, aussi bien que les autres circonstances qui ont donné lieu à l'engagement ; & jamais on n'a supposé dans une fille de 16. ans la même force d'esprit que dans un homme.

Mais cette consideration, quelqu'avantageuse qu'elle soit à la Demoiselle de Lorme, n'est pas necessaire, on l'ose dire, pour le succès de sa Cause. La crainte qui l'a forcée à contracter le mariage dont elle se plaint, a esté mise dans le rang de celles qui peuvent ébranler & déterminer l'homme le plus ferme : c'est la crainte de perdre les biens & toutes les esperances de fortune dont elle avoit lieu de se flatter. Une telle crainte, lorsqu'elle a un fondement raisonnable, produit la nullité de tous les actes qu'elle fait faire. Nous en avons une preuve bien sensible dans le Chapitre *Abbas* au titre *de iis quæ vi metuque fiunt :* Un Ecclésiastique avoit esté forcé d'abandonner son Benefice par la crainte de perdre son patrimoine ; il s'agissoit de sçavoir si cet abandonnement étoit valable, & s'il devoit avoir son execution ; le Pape décide qu'ayant esté fait par le mouvement involontaire d'une juste crainte, qui étoit celle de la privation des biens, il devoit estre reputé nul, & que le Benefice devoit estre rendu à celui qui en avoit été dépoüillé par cette voye, *unde quia quæ metu & vi fiunt de jure debent in irritum revocari ; mandamus quatenus prædicto cum integritate restituas universa.* Le motif de cette décision est confirmé par la glose en ces termes : *quod metus amissinois rerum excusat ; & justum est ut ea revocentur quæ tali metu tradita sunt, & juramentum non obstat.*

Or si un Beneficier qui a esté dépoüillé de son Benefice par la crainte de la perte des biens, est autorisé par les Loix Canoniques à rentrer dans ce Benefice, quand même il y auroit renoncé avec serment, on doit conclure, à plus forte raison, qu'une fille qui a esté engagée dans un mariage contre son gré par l'impression de la même crainte, est en droit de reclamer contre son engagement ; parce que la disposition involontaire d'un Benefice, n'est pas, à beaucoup près, d'une si grande consequence, que la disposition forcée de l'état & de la liberté d'une personne.

Aussi les Docteurs regardent la crainte de la perte des biens comme un puissant motif de contrainte, qui suffit toujours pour operer la nullité d'un mariage contracté par ce motif. Covarruvias dans le même Chapitre qu'on a cité, après avoir exposé plusieurs cas où la crainte qui fait faire un mariage doit paffer pour légitime , s'explique en ces termes : *Prædictis adnecti poteft, metum amiffionis bonorum omnium cadère in conftantem virum.* La raifon qu'en rend ce Docteur , c'eft que le bien eft la vie de l'homme , & que la perte de l'un n'eft gueres moins redou-table que celle de l'autre , *fiquidem patrimonium vita hominis exiftimatur.* Il n'exige pas même que cette crainte s'étende fur la totalité du patri-moine , il fuffit , dit-il , qu'il y ait lieu d'aprehender d'en perdre la plus grande partie, *idem dicendum erit in metu amiffionis majoris partis bonorum.* Il ajoute que c'eft l'opinion de Bartole , de Balde, & de plufieurs autres Docteurs.

S'il eft donc conftant que la crainte de la perte des biens eft un mo-tif fuffifant de contrainte pour faire déclarer nul un mariage fait par cet-te impreffion, il n'y a jamais eu de cas où cette crainte ait dû agir plus puiffamment que dans l'efpece prefente. Le pere de la Demoifelle de Lorme ne lui avoit point laiffé de bien; elle n'en avoit pas plus à efpe-rer de fa mere : toutes fes efperances étoient fondées fur celui du fieur Dupin fon beau-pere. C'étoit lui qui l'avoit fait élever avec foin ; il lui avoit fourni toutes les commodités & les douceurs d'une jeune per-fonne qui devoit eftre riche un jour , & qui n'attendoit que l'âge pour un établiffement avantageux. Il l'avoit flatté d'une fortune confiderable, & l'y avoit preparée , pour ainfi dire , par toutes les dépenfes qu'il avoit faites pour fon éducation. Tout d'un coup il fe prefente à lui un parti que l'intrigue a menagé , & qui ne convient point à la Demoifelle de Lorme. Elle réfifte à la propofition qui lui en eft faite;elle gémit,elle prie, elle fond en larmes , elle reclame les anciennes bontés du beau-pere : rien ne le touche. Il lui déclare impérieufement qu'elle n'a qu'à choifir, ou de paffer toute fa vie dans un Convent fans aucun fecours de fa part, ou d'accepter le parti qu'il lui a deftiné. Elle redouble fes inftances & fes priéres : Tout eft inutile auprès d'un homme que la prévention aveugle & qui croit tenir de fon opulence le droit de commander au cœur.

Peut-on foutenir qu'en cet état, la Demoifelle de Lorme ait été li-bre? Elle avoit veritablement la liberté de paffer triftement fa vie dans un Convent, & de la paffer encore plus triftement fans bien, & fans ef-perance d'en avoir; mais c'eft précifément le cas où les Loix décident que l'horreur de cette penfée peut infpirer une jufte crainte, capable d'é-mouvoir l'ame la plus forte; c'eft ce qui eft appellé par les Docteurs *metus amiffionis bonorum*, & qui eft mis au rang des diverfes efpeces de crainte dont on peut eftre frappé pour contracter un mariage mal-gré foy. Ainfi vouloir fe faire un moyen contre la Demoifelle de Lorme , de ce qu'elle n'a pas preferé la folitude & l'indigence au ma-riage qu'on lui propofoit , c'eft trouver mauvais qu'elle foit dans un des cas prévûs par la Loy & par les Docteurs ; c'eft vouloir lui ravir le fe-cours que la juftice lui offre dans ce cas-là , & dont elle n'auroit pas be-foin fi elle n'y étoit pas.

Mais , dit-on, quand les Docteurs parlent de la crainte de perdre les biens , & qu'ils donnent à cette crainte l'effet d'une force ouverte, ils fuppofent que ce foient des biens qui appartiennent actuellement à la perfonne qu'on veut engager, & qui feroit affûrée de les perdre fi elle réfiftoit refiftoit à l'engagement. La Demoifelle de Lorme ne couroit pas rifque de perdre ce que fon pere lui avoit laiffé ; ce n'étoit pas à la verité un patrimoine confiderable , ni qui approchât de ce qu'elle efperoit du fieur Dupin ; mais les efperances ne font pas des biens réels ; & la crainte d'être fruftré d'un bien qu'on n'a pas , & fur lequel on n'a aucun droit, ne doit pas entrer en comparaifon avec celle de perdre un bien que l'on a , & dont on eft menacé d'eftre dépoüillé. Voilà l'objection dans toute fa force , & cependant rien n'eft plus foible.

Si la crainte de la perte des biens ne formoit une contrainte marquée, que lorfqu'il s'agiroit de biens acquis, dont on feroit actuellement pro-prietaire , ce feroit un cas prefque impoffible ; & il s'enfuivroit que les Docteurs auroient raifonné fur un évenement d'imagination , fur une idée plûtôt que fur une réalité. Qui a jamais vû que pour forcer un riche Négociant à fe marier,on fe foit emparé par adreffe de tous fes effets , & que fur le champ on l'ait menacé de les brûler s'il ne confentoit pas au ma-riage ? Y a-t-il quelque exemple qu'un homme d'autorité & de credit ait eu tellement la fortune d'un particulier entre fes mains, qu'il ait été maître de la lui enlever, faute de confentir à un mariage qu'il lui pro-pofoit ? Si la fortune de ce particulier étoit faite dans le tems de la propo-fition, il n'y avoit point de rifque pour lui à n'y pas foufcrire : fi au con-traire fa fortune n'étoit pas avancée , & qu'elle fût encore dans le che-min de l'efperance, ce feroit le cas, où, felon le fieur Rapalli lui-mê-me , l'efperance d'y parvenir & la crainte d'en eftre déchû, pourroit faire une impreffion affez forte fur l'efprit pour contracter un mariage fans liberté ; & c'eft précifément la fituation où la Demoifelle de Lorme s'eft trouvée.

Son pere ne lui avoit point laiffé de bien , on en demeure d'accord ; fa mere en fe remariant n'avoit point ftipulé de communauté , & ne pou-voit par confequent profiter de la fortune du fieur Dupin. C'étoit donc du fieur Dupin feul que la Demoifelle de Lorme attendoit tous fes avan-tages ; elle étoit menacée de les perdre en refufant d'époufer le fieur Ra-palli ; elle ne pouvoit les conferver qu'en l'époufant ; fa deftinée l'avoit placée entre ce mariage & l'indigence : eft-ce-là de bonne foy un état de liberté , & n'eft-ce pas au contraire le cas où la volonté eft entraînée mal-gré elle dans un engagement qu'elle abhorre ? Ainfi des deux exem-ples que le fieur Rapalli a citez d'une contrainte inévitable, l'un eft un jeu d'imagination fans poffibilité & fans apparence , & l'autre eft le cas d'une crainte beaucoup moins naturelle & beaucoup moins forte que celle qui a donné lieu au mariage dont il s'agit.

Car enfin cet homme puiffant qui menace de fouftraire fa protec-tion fi celui à qui il l'a accordée refufe un mariage qu'il lui indique , n'eft pas toujours fûr de lui procurer tous les avantages dont il le flatte. Souvent ils ne dépendent pas de lui feul, & font déja deftinés à d'autres ; quelquefois fes bonnes intentions fe refroidiffent & changent d'objet,il y a long-tems qu'on fe plaint du peu de folidité des promeffes que font les Grands ; & il eft du moins hors de doute que leurs graces font volontai-res , & qu'ils ne doivent rien à ceux fur qui il leur plaît de les répandre. Le fieur Rapalli convient néanmoins que l'autorité qui promet & qui

D

menace, peut donner lieu à un mariage forcé que les Loix déclarent nul. Or si l'impression d'une autorité étrangere, à laquelle on ne tient point par devoir, mais par choix, & tout au plus par l'esperance d'une fortune casuelle, est capable de former une contrainte assez grande pour produire la nullité d'un mariage : comment pourroit-on ne pas donner le même effet à une autorité domestique qui étoit toujours presente aux yeux d'une fille de 16. ans, & à laquelle le devoir & l'interest la tenoient également attachée ?

Qu'on ne dise donc pas que le sieur Dupin ne devoit rien à la Demoiselle de Lorme par sa qualité de beau-pere. C'est parce qu'il ne lui devoit rien selon la loy, qu'elle devoit estre plus sensible à tout ce qu'il avoit fait jusques-là pour elle par inclination, & à ce qu'il promettoit de faire encore si elle épousoit le sieur Rapalli. Privée de son veritable pere dès sa tendre enfance, elle en avoit retrouvé un autre dans le sieur Dupin par le mariage qu'il avoit contracté avec sa mere. Le premier étoit mort sans bien, & ne lui avoit pas même laissé les secours de l'éducation ; le second avoit une fortune considerable, & s'étoit fait un plaisir d'en profiter pour l'élever avec soin ; il lui avoit fait oublier la situation dans laquelle elle étoit née, par celle qu'elle devoit à ses bienfaits, & dont il sembloit augmenter de jour en jour les avantages & les douceurs ; en un mot, elle tenoit à lui par la reconnoissance du passé & par les esperances de l'avenir. Y eût-il jamais de liens plus forts pour enchaîner la volonté ? Et si par le Droit Romain les enfans adoptifs entroient dans tous les droits des enfans naturels, & devenoient soumis aux mêmes Loix, la Demoiselle de Lorme par une adoption secrete, sans formalités & sans titre, étoit d'autant moins en état de resister aux volontez du sieur Dupin, que sa dépendance étoit fondée sur une longue suite de bienfaits reçûs, & sur l'impossibilité de se passer des mêmes bienfaits.

Il est vray que la déference d'une fille aux volontez de son pere pour un mariage qu'il lui propose, & qu'elle a de la peine à goûter, ne rend pas un mariage nul, quand ce n'est qu'une déference de respect, qui n'a point été précedée de menaces ; parce qu'alors on supose que la fille qui a contracté ce mariage, est entrée volontairement dans les vûës de son pere, & que sa répugnance a cedé aux raisons qu'il lui a fait entendre. Il est naturel à un pere d'exciter la volonté d'un enfant par la persuasion ; mais il ne lui est pas permis de la contraindre par les menaces, sur-tout lorsque ces menaces ne laissent à l'enfant que le choix ou d'accepter le parti qui lui est proposé, ou d'estre privé de tout s'il le refuse. On peut même dire que les menaces d'un pere qui est obligé par la Loy de laisser une certaine portion de ses biens à ses enfans, sont moins capables d'intimider & de contraindre, que celles d'un beau-pere qui ne leur doit rien ; car un enfant qui resiste à son pere sur la proposition d'un mariage, ne doit pas craindre d'estre privé de la portion qui lui est destinée par la Loy ; il ne risque tout au plus que d'avoir un peu moins que les autres : au lieu qu'un enfant dénué de biens de son chef, reduit à ne rien attendre que de son beau-pere, est moins en état de resister à ce qu'il exige de lui ; parce que sa resistance, en le frustrant de tout ce qu'il avoit à efperer, ne lui laiffe aucune confolation dans ce qu'il poffede.

C'eft pour cela auffi que par un Arreft du 11. Mars 1660. le Parlement a confirmé une Sentence de l'Official de Vannes, qui avoit admis la preuve de faits de violence & de menaces, contre un mariage celebré dans les formes ordinaires, quoique la contrainte dont on fe plaignoit ne fût point venuë de la part d'un pere ni d'une mere, mais feulement de la part d'une tante, à qui la Loy ne donnoit aucune autorité fur fa niéce. Cet Arreft qui eft rapporté dans le Journal des Audiances tome 2. liv. 3. ch. 12. eft un préjugé décifif pour la Demoifelle de Lorme. On aura occafion d'en parler dans la fuite, en détruifant les prétenduës differences que le fieur Rapalli a crû trouver entre l'efpece qui fe prefentoit alors, & celle dont il s'agit aujourd'huy ; on s'en fert feulement en cet endroit pour faire voir que fi la contrainte exercée par une tante fur fa niéce pour la celebration d'un mariage, a fait admettre la preuve des faits qui avoient rapport à cette contrainte, on peut encore moins refufer la permiffion de faire la même preuve, pour établir la contrainte exercée par un beau-pere fur une fille de 16. ans, à qui il tenoit lieu de tout, & qui n'attendoit rien que de luy.

Qu'importe en effet qu'en pareil cas, la violence vienne du propre pere de la fille, ou qu'elle vienne d'une autre perfonne qui le remplace, & qui par la fituation de fa fortune a encore plus d'autorité & de pouvoir ! Qu'importe que la crainte infpirée à cette fille, ait efté de perdre des biens acquis, ou des biens fur lefquels elle avoit lieu de compter, & fans lefquels elle ne pouvoit efperer d'établiffement ni de fubfiftance ! la violence change-t-elle de nom & d'effet, felon la difference des perfonnes qui l'exercent ? Ne fait-elle pas toujours la même impreffion fur la volonté ? Et fi l'on confidere les biens qui en font l'objet, eft-on moins allarmé d'eftre fruftré de ceux qu'on efpere, que de perdre ceux dont on eft en poffeffion, lorfqu'on avoit compté également fur les uns & fur les autres ? Mais icy il n'y avoit rien d'acquis à la Demoifelle de Lorme ; ou, pour mieux dire, tout ce qu'elle avoit acquis par les bontez du fieur Dupin, c'étoit le droit d'attendre de lui fon établiffement & fa fortune. Y eut-il jamais un état plus embarraffant & plus forcé pour une fille de 16. ans, que l'extrêmité cruelle ou de contracter un mariage malgré foi, ou de manquer de tout pendant fa viè, après avoir eu l'agrément de ne manquer jufques-là de rien.

Retranchons donc la diftinction qu'on a faite entre le defir d'acquerir & la crainte de perdre ; entre la peur d'être dépoüillé de ce que l'on a, & celle de ne pas obtenir ce qu'on efpere : ces diftinctions ingenieufes peuvent éblouïr dans la rapidité du difcours ; elles peuvent même trouver place dans d'autres Caufes. Mais quand on les raproche de l'efpece, on n'y trouve aucun fondement ; auffi n'ont-elles point efté adoptées par les Docteurs dans la matiere dont il s'agit. Ils ont dit en general que la crainte de perdre les biens, étoit une crainte jufte qui pouvoit établir la contrainte d'un mariage ; voilà à quoy ils s'en font tenus dans leurs décifions ; nous ne devons pas aller plus loin. Mais quand on voudroit examiner les differentes qualitez des perfonnes, & les differens titres d'efperance sur les biens d'autruy, on ne pourroit se dispenser de convenir que la Demoiselle de Lorme, qui n'avoit connu, pour ainsi dire, d'autre pere que le sieur Dupin, & qui sans avoir aucune fortune de son chef, étoit réduite à ne compter que sur la sienne, s'est trouvée hors d'état de lui resister sur le mariage qu'il exigeoit d'elle.

Toute la deffense du sieur Rapalli se réduit à deux moyens : l'un que la Demoiselle de Lorme n'a point esté contrainte avant le mariage ; & l'autre que depuis le mariage, elle a prouvé par un grand nombre de circonstances la liberté de son consentement. Avant le mariage, dit-il, la Demoiselle de Lorme a donné des marques de joye & de satisfaction ; elle a joüé de la basse de viole le jour de la signature du Contrat ; il y a eu des promenades, de la symphonie, & un grand souper ; les plaisirs se sont succedés les uns aux autres. Elle a paru à la cérémonie des fiançailles avec toute la parure d'une jeune personne très-contente ; elle avoit même des diamans ce jour-là ; & dans l'intervalle qui s'est écoulé entre la signature du Contrat & les fiançailles, elle s'étoit préparée à la benediction nuptiale par la confession, sans avoir confié ses peines à son Confesseur, & sans avoir tâché de l'engager à détourner sa mere & son beau-pere d'un mariage auquel elle dit n'avoir point donné de consentement.

Elle convient, ajoute-t-on, que pendant la ceremonie de la celebration elle a tenu sa main dans celle du sieur Rapalli ; qu'il lui mit l'anneau au doigt, & une piece d'or dans la main ; qu'étant sortie de la Chapelle sans avoir signé l'acte de celebration, le sieur des Batisses courut après elle pour lui dire qu'il falloit signer ; qu'elle retourna aussi-tôt sur ses pas, rentra dans la Chapelle, & signa ; que le même jour étant retournée à S. Cloud, elle dansa avec la compagnie dans la maison du sieur Dupin son beau-pere, & que quelques jours après le sieur Rapalli ayant esté obligé de venir à Paris pour ses affaires, elle lui écrivit une Lettre qui ne laisse pas douter qu'elle ne fût satisfaite de son état. Le Sr Rapalli convient qu'à la verité elle ne demeure pas d'accord de la consommation, mais il prétend qu'il doit estre crû sur ce fait, après plusieurs nuits passées avec elle.

On ne seroit pas étonné que ces circonstances débitées avec confiance & avec art eussent fait d'abord quelque impression. Le sieur Rapalli publie qu'elles sont écrites mot à mot dans l'interrogatoire de la Demoiselle de Lorme ; que par cette raison elles ne peuvent estre revoquées en doute, & qu'on ne sçauroit par consequent échaper aux inductions qui en resultent contr'elle. Le Public qui ne voit pas les interrogatoires ni les autres actes qu'on lui annonce, croit pouvoir adopter de pareils faits sans commettre son discernement : mais les Juges qui auront tout devant leurs yeux, ne s'en tiendront pas à certains mots qu'on a affecté de choisir dans quelques articles de l'interrogatoire, pour les détacher de ce qui precede & de ce qui suit ; ils verront chaque réponse dans son entier ; ils raprocheront toutes les parties de l'interrogatoire ; & en suivant cette méthode, en rassemblant ce qui ne doit pas estre separé, ils reconnoistront la contrainte à chaque article.

En effet, lorsqu'on a demandé à la Demoiselle de Lorme si le sieur Rapalli ne lui avoit pas témoigné à S. Cloud qu'il la recherchoit en mariage, elle a répondu qu'il ne lui en avoit point parlé, mais que sa mere &

son

fon beau-pere lui dirent, *que tout étoit déja convenu entr'eux.* Ces termes méritent d'être pefez. La Demoifelle de Lorme ne fçavoit point qu'on voulût la marier au fieur Rapalli; elle ne le connoiffoit que fous le nom fuppofé de la Grange; il s'étoit donné pour Medecin, & en avoit affecté le langage & les fonctions en fa prefence. Elle apprend pour la premiere fois qu'il ne s'appelloit point la Grange, mais Rapalli; qu'il n'étoit point Medecin, mais Treforier de France; il ne lui avoit point encore efté propofé pour époux; & dès la premiere nouvelle que fa mere & fon beau-pere lui en donnent, ils lui déclarent que la chofe étoit arrêtée, & que tout *étoit déja convenu entr'eux.* A quels traits reconnoîtra-t-on la contrainte, fi ce premier difcours n'en eft une? On fçait bien que communement ce font les parens qui décident de l'établiffement de leurs filles, & qu'elles fe laiffent marier plûtôt qu'elles ne fe marient. Mais les vûes que les parens peuvent avoir en pareil cas, font de fimples deftinations, & non pas des Loix; ils les communiquent dumoins à leurs filles avant que de rien conclure; & cependant la premiere fois que la Demoifelle de Lorme connoît le fieur Rapalli par fon nom & par fon état, on lui déclare fechement qu'il va être fon mari, & que tout eft déja conclu. Ce n'eft pas fans doute en ce point que le fieur Rapalli prétend trouver une preuve de liberté dans l'interrogatoire de la Demoifelle de Lorme. Suivons les inductions qu'il a voulu tirer de quelques autres articles.

On demande à la Demoifelle de Lorme fi elle n'a pas entendu la lecture du Contrat de mariage avant que de le figner, fi le fieur Rapalli après avoir figné le premier, ne lui a pas prefenté la plume pour figner à fon tour, & fi elle n'a pas figné agréablement. Elle répond *qu'elle ne fçait pas s'il a efté fait lecture du Contrat de mariage, parce qu'elle refta dans fa chambre jufqu'au moment que le fieur des Batiffe vint la chercher pour figner ce Contrat.* Ces premiers termes font connoiftre que la Demoifelle de Lorme n'a point entendu lire le Contrat de mariage; puifque dans le temps qu'on en faifoit la lecture, elle étoit feule dans fa chambre, & qu'on n'eft venu la chercher qu'au moment qu'il a fallu figner. Il eft nouveau qu'une fille que l'on marie, n'affifte pas à la lecture de fon Contrat de mariage; il eft encore plus extraordinaire que pendant qu'on le lit aux parens, elle demeure feule dans fa chambre, comme fi c'étoit une affaire qui ne la regardât point; & il eft inoüi qu'en pareil cas on n'ait fait venir précifement la Partie intereffée, qu'au moment qu'on avoit befoin de fa fignature. Mais tout cela marque une violence méditée, un deffein formé de fe foucier peu de fon confentement, pourvû qu'on vint à bout de la chofe.

Dans la fuite du même article, elle dit que dans le trouble où elle étoit, *elle ne fçait qui lui donna la plume pour figner, qu'elle figna le bas des pages, & à la fin du Contrat, fuivant l'ordre qu'elle en reçut de fon beau-pere; qu'elle ne fe fouvient pas qu'il y eût d'autres perfonnes dans la chambre que les deux Notaires, le S^r des Batiffe, le Sr Rapalli, fon beau-pere & fa mere; qu'elle étoit pour lors fi troublée, qu'elle croit que fa fignature en fera une preuve, ayant efté faite d'une main fort tremblante.* Il faut d'abord obferver que dans cet article, la Demoifelle de Lorme rend compte du déguifement affecté des deux Notaires, dont l'un avoit été

E

annoncé comme Architecte, pour venir vifiter la maifon du fieur Dupin;
& l'autre s'étoit véritablement donné pour Notaire, mais chargé feulement de venir paffer le Contrat de vente de cette maifon. Il n'y avoit
ni maifon à vifiter, ni Contrat de vente à paffer; le faux Architecte, le
vray Notaire n'avoient tous deux que la même profeffion & les mêmes
vûes: ils venoient à S. Cloud pour faire figner à la Demoifelle de Lorme le Contrat de mariage qui avoit été dreffé à Paris. Pourquoi donc l'un a
t-il déguifé fa qualité, & l'autre le motif de fon voyage? c'eft qu'on
vouloit furprendre la Demoifelle de Lorme, & lui ôter le temps de la
reflexion, en lui faifant figner le Contrat de mariage dès qu'on trouveroit le moment favorable pour l'y obliger. Le fieur Rapalli par fon interrogatoire, n'a pas nié qu'il n'y ait eu du déguifement dans la qualité des
Notaires, il a dit feulement qu'il ne fçavoit pas pourquoy. Mais on vient
d'en marquer la caufe; & elle découvre des vûes de contrainte qui ont
commencé par la diffimulation & la fraude.

Reprenons la fuite de l'article, touchant le Contrat de mariage. La
Demoifelle de Lorme dit qu'elle l'a figné en tremblant, par ordre exprès de fon beau-pere, & qu'on pourra juger de fon trouble par fa fignature. Le fieur Rapalli prétend que le trouble dont la Demoifelle de
Lorme a parlé, eft un mouvement naturel dans ces occafions; qu'il y a
peu de filles qui n'en éprouvent un femblable lorfqu'elles s'engagent
pour toute leur vie; que d'ailleurs c'eft *un figne équivoque qui peut eftre*
produit par la joye exceffive d'un établiffement auquel on n'ofoit prétendre,
plûtôt que par les inquiétudes & la peine d'un mariage dont on eft allarmé.
Il y a plus de vanité que de prudence dans la réponfe du fieur Rapalli.
Ne croiroit-on pas qu'il s'agit icy du mariage d'une fille de néant avec
un Seigneur du premier ordre? Il a eu pourtant la modeftie de déclarer par fon interrogatoire qu'il n'eft pas noble de naiffance, & qu'il
ne doit fon illuftration qu'à fa charge de Treforier de France. Eft-ce là
un titre affez éminent pour faire penfer que le trouble de la Demoifelle
de Lorme étoit produit par la joye exceffive d'un établiffement auquel
elle n'ofoit prétendre? C'eft faire un aveu public de la véritable caufe de
ce trouble, que d'en fupofer une fi peu vraifemblable.

L'induction que le fieur Rapalli a tirée de l'article fuivant, n'eft pas
plus folide. On a demandé à la Demoifelle de Lorme fi après la fignature du Contrat de mariage elle ne joüa pas de la baffe de viole, pour
marquer fa fatisfaction & fa joye: elle a répondu *qu'après la fignature du*
Contrat, tous ceux qui étoient prefens & elle répondante, allerent fe prome-
ner dans le Jardin jufqu'à huit heures du foir; que ce fut au retour de la
promenade que fon beau-pere lui donna fa baffe de viole pour l'engager à en
joüer; ce qu'elle fit fi mal que fon beau-pere lui en fit des reproches; qu'en-
fuite le fieur Meni joüa de fa baffe de viole: après quoi on alla fouper, au-
quel fouper elle répondante affifta. Il femble qu'une perfonne qui fe met
à joüer de la baffe de viole au milieu d'une compagnie, n'eft pas fort
faifie de douleur; c'eft l'induction que le fieur Rapalli tire de ce fait.
Mais outre qu'il en coûte moins à une perfonne plongée dans le chagrin,
de joüer des inftrumens que de foutenir une converfation qui lui déplaît,
il ne faut pas d'ailleurs feparer de ce fait indifferent, la circonftance ef-

fentielle que la Demoifelle de Lorme y a ajoutée : c'eft que ce fut le
fieur Dupin fon beau-pere qui alla lui-même prendre une baffe de viole,
& qui l'obligea d'en joüer. Il ne faut pas non plus obmettre ce que la Dé-
moifelle de Lorme rapporte à ce fujet : qui eft qu'elle en joüa fi mal que
fon beau-pere lui en fit des reproches. On peut impofer au Public, en
lui préfentant des faits ifolés, & fans circonftances ; il ne faut que les re-
vêtir de leurs particularitez pour diffiper l'illufion.

On ne croiroit pas de même qu'une fille auroit fouffert beaucoup de
contrainte dans fon mariage, s'il paroiffoit que volontairement elle fe
fût parée pour la ceremonie ; & c'eft auffi l'avantage que tire le fieur
Rapalli des ornemens avec lefquels la Demoifelle de Lorme s'eft pré-
fentée aux Fiançailles. Mais quand on voit qu'en demeurant d'accord
de la parure & des ornemens, elle a déclaré en termes très-clairs, que
c'étoit fon beau pere qui l'avoit forcée à paroiftre dans cet état, pour
donner une apparence de liberté à la contrainte la plus réelle, cet ap-
pareil de pompe ne frappe plus, & paroift une fuite du même efprit
d'autorité & d'empire qui a fait violence à la volonté.

L'enjoüement de la danfe femble exclure pareillement l'idée de contrainte, du mariage dont il s'agit. Mais on revient bien-tôt de cette impreffion, en confiderant que le Sʳ Dupin a voulu cacher la contrainte fous un
air de Fête ; que la Demoifelle de Lorme ne pouvoit l'empêcher de donner
les violons aux gens du Village ; qu'il a fallu toute l'autorité qu'il avoit
fur elle pour la forcer d'eftre prefente à cet exercice, & que tout ce
qu'elle a pû faire pour manifefter fa répugnance & celui qui en étoit l'objet, a été de refufer conftamment de danfer avec le fieur Rapalli, comme elle l'a dit par fon interrogatoire.

On fe fait un moyen contr'elle de s'eftre préparée à ce mariage par
la confeffion ; mais cette confeffion n'avoit point le mariage pour objet. La Demoifelle de Lorme étoit dans la pieufe habitude de fréquen-
ter les Sacremens ; elle fut excitée à ce devoir par une Fête de la Vierge
au mois de Septembre. Sa mere craignant qu'à cette occafion elle ne
fift confidence de fes malheurs à fon Confeffeur, ordinaire qui étoit un
Capucin, la mena elle-même au fien, qui étoit le Prieur des Jacobins
de la ruë S. Honoré, & lui défendit expreffement de lui parler du mariage. La Demoifelle de Lorme executa ce que fa mere lui avoit ordonné ; elle fe confeffa dans la vûë de la Fête, fans communiquer le projet
de fon mariage à ce nouveau Confeffeur ; & auffi-tôt aprés, la mere
voulant que cette confeffion tint lieu de celle qu'on a coutume de faire
avant que de fe marier, demanda au Confeffeur un Certificat pour fa
fille, & le Confeffeur lui en donna un. Quelle induction peut-on tirer
de ce fait, lorfqu'il eft expliqué dans fes veritables circonftances ?

La Demoifelle de Lorme, dit-on, *s'eft préparée à recevoir le Sacrement*
de Mariage par celui de la Penitence ; elle ne prétend pas avoir répandu dans
le fein du Directeur fes peines & fes amertumes, avoir imploré fa charité pour
fléchir la feverité de fa mere : tout s'eft donc paffé dans une parfaite tran-
quillité.

Pour tirer cette confequence, il a fallu fuppofer que le Pere Joüin à
qui la Demoifelle de Lorme s'eft confeffée, étoit fon Directeur ordi-

naire; & cependant elle ne le connoissoit point; il ne l'a confessée que cette seule fois, & ce n'est ni par son propre choix, ni par l'effet du hazard qu'elle s'est adressée à lui; c'est sa mere qui le lui a indiqué, & qui l'a menée dans la Chapelle où il confessoit. Est-il surprenant qu'elle n'ait pas confié sa situation à un Religieux qui lui étoit inconnu, & à qui elle n'avoit jamais parlé? Si on lui eût laissé la liberté d'aller à son Confesseur ordinaire, elle auroit pû profiter de la connoissance qu'il avoit, depuis long-temps, de sa conscience & de son cœur, pour faire des remontrances à ses parens sur la contrainte qu'ils vouloient imposer à sa volonté; mais elle n'avoit pas la même confiance ni la même ouverture de cœur pour un inconnu à qui elle se confessoit pour la premiere fois, & dont elle n'avoit pas encore éprouvé les attentions ni le zéle. D'ailleurs elle étoit allée à l'Eglise avec sa mere qui ne la perdoit point de vûë, & qui lui ayant recommandé de ne point parler de son mariage à ce nouveau Confesseur, auroit été très-piquée contr'elle si elle ne lui eût pas obéi. La peine de découvrir un pareil secret à un Confesseur nouveau qui n'avoit pas sa confiance, la crainte de déplaire à une mere qui avoit toujours les yeux sur elle, & qui l'avoit menée elle-même à ce Confesseur, de peur qu'elle n'allât à l'ancien : voilà le motif du silence qu'elle a gardé en cette occasion; & quand on voudra bien entrer dans ces circonstances, on trouvera certainement qu'il n'est point de fille de son âge, qui avec la même éducation & la même timidité, n'eût prit le même parti.

Mais, objecte-t-on, s'il étoit vrai que l'interrogatoire de la Demoiselle de Lorme ne lui fit aucun préjudice, comme elle le prétend, pourquoi auroit-elle fait des protestations & des reserves après l'avoir subi? L'Acte qui les contient a été apporté tout écrit à M. l'Official qui les a fait rediger à la suite du premier interrogatoire; & par cet Acte, il paroît qu'elle a protesté contre les réponses qu'elle pourroit avoir faites au préjudice de son interest & de ses droits.

L'avantage qu'on pretend tirer de cet écrit, n'est dû encore qu'à l'adresse qu'on a eûë d'en diviser les sens & les termes. La Demoiselle de Lorme n'a point protesté contre les faits de violence dont elle avoit rendu compte, mais seulement contre ce que *sa timidité naturelle, son peu de Mémoire, ou le défaut de pouvoir s'énoncer,* auroit pû faire inserer dans son interrogatoire au préjudice de ses droits. Une semblable protestation, loin de détruire les faits avancés, n'est qu'une reserve d'en articuler de nouveaux. Et en effet, la Demoiselle de Lorme commence par dire *qu'elle persiste dans les faits de sa Requeste : sans préjudice,* ajoûte-t-elle, *de ceux qu'elle se reserve de metre en avant, s'il y échet, dont elle entend faire preuve.* Est-ce là de bonne foy une protestation qui détruise l'interrogatoire?

Qu'on se mette, pour un moment, à la place de la Demoiselle de Lorme. Une fille de 16 ans, sans expérience, sans la moindre teinture des affaires, vient de subir un interrogatoire dans une contestation qui doit décider du repos de toute sa vie; elle appréhende de ne s'estre pas assez expliquée sur la contrainte dont elle se plaint; elle craint ou de n'en avoir pas assez dit par la foiblesse naturellement attachée à son âge &

à

à son sexe, ou d'avoir affoibli ce qu'elle a dit par des motifs de consideration & de respect pour sa mere & pour son beau-pere. Dans cette perplexité, elle se reserve de suppléer à ce qui a esté obmis dans son interrogatoire ; elle persiste dans les faits articulés par sa première Requête ; elle réserve le droit d'en articuler d'autres dans la suite ; elle déclare qu'elle entend d'en faire la preuve. Y a-t-il rien dans tout cela qui ne soutienne l'objet & le caractere de sa demande ?

Une preuve bien sensible de son intention à cet égard, c'est qu'immédiatement après ses réserves, elle dit, *qu'ayant perdu son pere en très bas âge, elle a regardé le sieur Dupin comme son pere propre, & a senti pour lui les mêmes affections de bienséance, de crainte & de respect : qu'elle n'a signé le Contrat de mariage, esté aux Fiançailles, & à la celebration, signé l'acte, couché avec le Sr Rapalli, & fait quelques autres démarches extérieures que par force, violence, & pour éviter d'estre mise hors de la maison de son beau-pere, & passer le reste de sa vie dans un Convent.* Le sieur Rapalli en est demeuré là, en rapportant dans son Mémoire les termes de cet écrit ; mais il ne l'a pas rapporté tout entier ; car après que la Demoiselle de Lorme a dit que toutes les démarches extérieures qu'on lui avoit fait faire, avoient été faites *par force & violence, & pour éviter d'estre mise hors de la maison de son beau-pere, & passer le reste de sa vie dans quelque Convent éloigné de sa famille,* elle ajoute, *comme en avoit esté menacée par lui, & empêcher qu'il en arrivât autant à son frere, & que sa mere n'eût plus les mêmes agrémens qu'elle a avec le sieur Dupin*, attendu qu'il se mettoit dans des *vivacités extraordinaires remplies de menaces contre la répondante & la Dame sa mere, quand il voyoit leur résistance audit mariage ; qu'à l'égard de ce qui a dépendu de sa propre volonté, elle s'en est servie pour dire non, lors de la celebration, & pour tout refuser au sieur Rapalli, jusqu'à la moindre honnêteté, ne l'ayant jamais reconnu pour son mari.*

La suppression qui a esté faite par le sieur Rapalli des termes qu'on vient de transcrire, fait plus d'honneur à sa prudence qu'à sa bonne foy ; car ces derniers termes ajoutent infiniment aux premiers en faisant voir que l'interest de la mere, & celui du fils n'entroient pas moins que le propre interest de la fille dans les motifs de crainte qui ont donné lieu au mariage dont il s'agit. Cette fille infortunée, assez effrayée déja de tout ce qu'elle avoit à craindre pour elle même par la perte de l'amitié & des biens de son beau-pere, voit encore son frere en danger d'estre éloigné, comme elle, de la maison, & enveloppé dans la même disgrace ; elle voit de plus sa mere exposée aux vivacités & aux emportemens de son beau-pere, sur ce qu'il la soupçonnoit de favoriser sa résistance. Tous ces puissants motifs de crainte, soit pour elle-même, soit pour sa mere & sa famille, conspiroient ensemble contre la liberté de son choix ; Et quelle est, on ne dit pas la fille de 16 ans, mais la personne la plus experimentée & la plus ferme qui n'eût succombée à tant d'assauts? Ainsi la réserve qui a esté mise à la fin de l'interrogatoire de la Demoiselle de Lorme ; cette réserve sur laquelle on s'est si fort récrié, donne un nouveau degré de force à ses moyens, en augmentant les raisons qu'elle a euë de ceder à la contrainte.

F

On oppofe que par le même interrogatoire elle eft demeurée d'accord, qu'étant fortie de la Chapelle où le mariage avoit efté celebré,
fans figner l'acte de celebration, le fieur des Batiffe courut après elle
pour la faire revenir fur fes pas, & qu'étant rentrée dans cette Chapelle
elle figna volontairement: ce qui marque, dit-on, de fa part une ap-
probation réfléchie de ce qu'elle avoit fait.

Cette objection trouve fa réponfe, comme toutes les autres, dans les
propres termes de l'interrogatoire. On a demandé à la Demoifelle de Lorme fi après la célebration du mariage elle en avoit figné l'acte dans le
Regiftre de la Paroiffe, & fi quelqu'un l'avoit forcée de figner : Voici
fa réponfe. A dit *qu'après la celebration de fon pretendu mariage elle s'en*
alloit avec fa mere & un des témoins qui lui donnoit la main, ne fe fouvient
plus lequel ; qu'étant fortie de la Chapelle le fieur des Batiffe l'aîné courut
après elle répondante, pour lui dire qu'il falloit abfolument figner ; qu'auffi-
tôt elle retourna fur fes pas, rentra dans la Chapelle & figna, fans que per-
fonne lui ait pris la main pour la forcer de figner.

Des termes de cette réponfe, il réfulte évidemment, que d'abord
la Demoifelle de Lorme fortit de la Chapelle fans avoir figné l'acte de
celebration, ce qui prouve le peu d'envie qu'elle avoit de le figner ; car
ce n'eft point par inattention ni par oubli qu'on néglige fur un point fi
important une formalité fi néceffaire. Le fieur Dupin s'apperçût qu'elle
avoit difparu fans figner, il envoya auffi-tôt après elle le fieur des Batiffe *pour lui dire qu'il falloit abfolument figner.* Ce terme *abfolument* qui
eft un terme d'autorité & d'empire, ne marque-t-il pas une fuite odieufe
de contrainte? On ne dit point à la Demoifelle de Lorme : vous avez
oublié de figner ; venez mettre vôtre fignature fur le Regiftre : on lui
dit defpotiquement, *il faut abfolument figner.* Et en prefence de qui lui pro-
nonce-t-on cet Arreft? En prefence de fa mere qui étoit avec elle, &
qui l'oblige à retourner fur fes pas pour la fignature qu'on lui demandoit.
Peut-on dire dans ces circonftances qu'une telle fignature ait efté libre?
Ce qu'il y a eu de libre de fa part, c'eft le premier mouvement qui l'a
portée à s'échapper fans avoir figné. Le refte eft une continuation de
violence, qui augmente le tort de ceux qui en font les auteurs, mais qui
doit attirer la compaffion du public fur celle qui en a efté la victime.

Que fert après cela d'opofer que pendant la ceremonie la Demoifelle de Lorme tint fa main dans celle du fieur Rapalli ; qu'il lui mit l'anneau au doigt, & une piéce d'or dans la main. Nous convenons que
tout l'apareil extérieur du mariage a efté rempli ; qu'il y a eu un Contrat,
des Fiançailles, une celebration apparente. Et s'il n'y avoit point eu de
celebration, on n'auroit pas eu befoin de fe pourvoir pour la faire déclarer nulle. Toutes les ceremonies ont efté obfervées ; mais que fervent
les ceremonies dans un mariage, lorfque le confentement, qui en fait
l'effence, ne s'y trouve pas? En vain on objecte que ce feroit fe joüer du
Sacrement, fi après l'obfervation exacte des formalités on en étoit quit-
te pour dire qu'on n'auroit confenti à rien. La Demoifelle de Lorme n'en
n'eft pas réduite à une répugnance interieure, ny à un défaut fecret de
confentement ; elle fçait que le cœur n'eft pas à la portée des yeux, & que
les hommes ne jugent des chofes que par les apparences. Elle ne pretend-

pas non plus qu'on doive l'en croire fur fa parole, ny que les faits qu'elle a articulés dans fes Requeftes paffent dès à prefent pour certains : ce feroit le cas où l'on conviendroit avec le fieur Rapalli, que *le mariage ne formeroit plus une union indiſſoluble , ſi pour rompre fes nœuds facrés il ſuffiſoit d'alleguer en termes vagues un pretendu défaut de conſentement & de liberté.*

Mais il ne s'agit point ici d'une fimple allegation de contrainte, dénuée de prefomptions & de vrai-femblance. Le déguifement qui a été d'abord mis en œuvre pour parvenir à ce mariage, le myftere profond qui en a efté fait dans la famille, la précaution qu'on a eüe de n'appeller aucun parent, ni à la celebration, ni au Contrat, & cela dans un cas où rien ne pouvoit obliger au fecret que l'envie d'étouffer les preuves de la violence: tout fait affez prefumer les faits dont la Demoifelle de Lorme fe plaint, & elle ne demande autre chofe que la permiffion d'en faire preuve. Et quand elle n'auroit pas en fa faveur le fecours anticipé des prefomptions, elle ne feroit pas moins en droit de compter fur la feule voye qui a efté indroduite pour l'établiffement de pareils faits. C'eft ce que nous aprend le plaidoyer de M. Talon dans l'Arreft de 1660. dont on a déja parlé. *Il n'y a point de doute*, dit ce fçavant Magiftrat, *que la preuve du fait de force & de violence ne ſoit recevable par témoins. Comme toutes fortes de Contrats font nuls quand ils font paſſez par force & par contrainte, la preuve en doit néceſſairement eſtre faite & reçûë par témoins; parce que ceux qui font la violence (&) qui contraignent par la force de paſſer un acte, ne font jamais aucun acte par écrit qui puiſſe donner à connoître leur violence : de forte que fi la preuve teſtimoniale étoit rejettée, il ne fe pourroit jamais faire qu'un acte paſſé par force & par contrainte fût caſſé; parce que la preuve par témoins n'étant pas reçûë, jamais la preuve ne s'en pourroit faire par écrit.*

Ce principe eft fi certain, qu'on n'a ofé le combattre dans la plaidoirie; & quand il ne feroit pas appuyé du fuffrage unanime des Docteurs, il ne faudroit que le bon fens pour le faire recevoir dans tous les efprits; parce qu'enfin dès que d'un côté, du propre aveu du fieur Rapalli, *il eſt juſte de rompre un engagement formé ſous les noirs auſpices de la contrainte;* & que d'un autre côté, les faits de contrainte ne peuvent s'établir que par le témoignage des perfonnes qui en ont connoiffance, il faut neceffairement, ou que ces faits demeurent fans preuve, & la violence fans remede, ou qu'ils puiffent eftre prouvez par la voye teftimoniale, la feule qui foit ouverte & poffible en pareil cas. Mais quand on joint à la neceffité generale & abfoluë de cette preuve dans la matiere dont il s'agit, les circonftances fingulieres qui y conduifent & qui la reclament dans le cas prefent, on peut dire que tout fe réünit en faveur de la Demoifelle de Lorme pour lui procurer ce fecours dans fon malheur. Elle ne craint point de profaner en cela la faintété du Sacrement; c'eft au fieur Rapalli qui l'a époufée malgré elle, & fans fon aveu; c'eft à ceux qui l'ont traînée par force aux pieds des Autels, à s'imputer cette profanation. Dieu n'a point reçû de fa part un facrifice qui n'étoit pas libre; il n'y a donc point eu de Sacrement. Cette circonftance met fa confcience en repos, & ne doit allarmer que celle des auteurs de la contrainte.

Inutilement oppofe-t-on que la Demoifelle de Lorme a approuvé & ratifié ce mariage par des actes pofterieurs, & entr'autres par une Lettre qu'elle a écrite au fieur Rapalli, dans le temps qu'il avoit été obligé de venir de S. Cloud à Paris pour fes affaires. Elle l'appelle, dit-on, *fon cher mari*; elle lui dit qu'elle eft embarraffée à s'exprimer fur le papier, mais qu'elle le fera de bouche quand elle aura l'honneur de le voir; elle finit par ces mots: *je fuis très-parfaitement votre mignonne*, de Lorme.

On pourroit d'abord répondre que les termes, *quand j'auray l'honneur de vous voir*, ne font gueres ufitez entre mary & femme; & on en pourroit conclure que ceux-ci fe connoiffoient peu. Mais on a une réponfe plus veritable & plus décifive, qui eft que la Demoifelle de Lorme a copié cette Lettre fur un broüillon qui avoit été écrit par fa mere, & qu'elle l'a forcée de tranfcrire de fa main. Ce broüillon s'eft heureufement retrouvé, & on l'a dépofé chez un Notaire, pour faire voir que cette Lettre n'eft point un effet libre des fentimens de la Demoifelle de Lorme, mais une fuite des contraintes exercées fur elle. Le Sr Rapalli pour affoiblir cette objection, prétend avoir prefenté un Mémoire au Miniftre, dans lequel la Lettre étoit tranfcrite, & il foutient que c'eft fur cette copie qu'a été fabriqué après coup l'écrit qu'on voudroit faire paffer pour le broüillon original. Mais quand on hazarde des faits fi peu vraifemblables, il faudroit du moins eftre appuyé de quelque preuve. Or quelle preuve a le fieur Rapalli, qu'au préjudice du fecret inviolable de tout ce qui a rapport aux affaires d'Etat, la Demoifelle de Lorme ait eu connoiffance de ce qui avoit été confié au Miniftre à fon fujet? Quelle preuve même rapporte-t-il d'avoir prefenté un Memoire au Miniftre, & d'y avoir inferé la Lettre en queftion? Ce fait ne fe foutient que par la hardieffe qu'il a de le débiter. C'eft pourtant fur lui que tombe la neceffité de la preuve, puifqu'en general chacun eft obligé d'établir ce qu'il avance; & que dans le cas particulier, le fecret du miniftere fait préfumer le contraire de tout ce qui eft avancé à cet égard par le fieur Rapalli. On n'en dira pas davantage fur un fait qui fe détruit de lui même faute de preuve, & qui laiffe fubfifter dans toute fa force l'induction que la Demoifelle de Lorme a tirée du modele qui lui a été prefenté par fa mere, & auquel les mêmes impreffions d'autoritez & de violences l'ont obligée, malgré elle, de fe conformer.

Mais, dit-on, le mariage dont il s'agit a efté confommé; le fieur Rapalli a paffé 17. nuits avec la Demoifelle de Lorme; comment pouvoir s'imaginer qu'il n'y ait point eu de confommation dans ce long efpace de temps?

Il faut d'abord retrancher cette longue fuite de nuits dont le fieur Rapalli fe fait honneur; la Demoifelle de Lorme n'en a paffé que cinq avec lui; & il eft vrai que fi on en mefuroit le tems par tous les maux qu'elle a fouffert, elles pafferoient dans fon efprit pour un fiecle; mais dans le vrai elle n'a couché que cinq nuits avec lui en differens tems, & elle ne fera pas embarraffée d'en avoir la preuve.

Il faut auffi demeurer d'accord que la confommation du mariage ne forme point de fin de non-recevoir, lorfqu'elle a eu le même principe que la celebration, & qu'elle n'eft düe qu'à la force & à la contrainte.

Le

Le sieur Rapalli convient lui-même de ce principe par son mémoire : *Qu'un homme emporté*, dit-il, *tenant un poignard à la main contraigne une femme de ceder à la violence de ses desirs, cette consommation sans doute ne passera pas pour un acquiescement libre.* Voilà en quels termes il s'explique ; & cet aveu lui ôteroit tout l'avantage qu'il a voulu tirer de la prétendüe consommation, quand même elle seroit véritable ; parce qu'il se trouveroit précisément dans le cas de l'homme *emporté* dont il parle, puisqu'il avoit un poignard sous le chevet de son lit, & qu'il en menaçoit continuellement la Demoiselle de Lorme si elle ne se rendoit à ses desirs. Elle a eu le courage ou le bonheur de resister pendant les cinq nuits qu'elle a couché avec lui. Peut-être n'auroit-elle pas été assûré de resister de même dans la suite, si elle se fût mise plus long-tems à cette épreuve. La violence se porte quelquefois à des excès ausquels on est forcé de se rendre. Quoiqu'il en soit, il n'y a point eu de consommation; la Demoiselle de Lorme se soumet à toutes les épreuves qui peuvent en faire juger. Le sieur Rapalli l'a même avoué à plusieurs personnes dignes de foy, & par une Requeste précise on a demandé la permission d'en faire preuve : Il n'allegue aujourd'huy le contraire que parce qu'il soutient d'avoir passé 17. nuits avec elle, & qu'il s'imagine qu'il lui seroit honteux de n'avoir pas sçu mettre à profit tant de nuits passées avec une jeune personne : il prend le fait dans ses souhaits, & la preuve dans son amour propre.

On ne répond point au prétendu danger des consequences. Le Public ne doit pas craindre qu'il se trouve des hommes assez imprudens pour épouser des filles malgré elles par les seuls efforts de la violence & des menaces : & s'il s'en trouvoit, on ne pourroit refuser aux filles qui auroient été engagées par cette voye, les mêmes secours que la Demoiselle de Lorme a lieu d'esperer de la Justice.

Bien loin que la Religion soit interessée à faire subsister un mariage qui peche dans son essence faute de consentement, elle est interessée au contraire à ne pas souffrir que des parens avides de biens, & peu scrupuleux sur la vocation, abusent de leur autorité pour jetter leurs filles, malgré elles, dans des engagemens qu'elles détestent, & qui n'ont jamais que de tristes suites. Rien ne demande une liberté plus entiere que le sacrifice même de la liberté. Tel est l'esprit de l'Eglise, tel est le veritable interest du public. Ces deux objets sont également presens aux yeux des Juges qui doivent décider la contestation. On attend de leur équité un Jugement qui serve d'exemple pour l'avenir, & qui en mettant un frein salutaire à la cupidité des peres & meres, assûre par-là le repos & la liberté des enfans.

Me TERRASSON, Avocat.

De l'Imprimerie de Jean-François Knapen, rüe de la Huchette, à l'Ange. 1727.

De l'Imprimerie de Jean-François Knapen, ruë de la Huchette, 1727.

EXTRAIT DU JOURNAL DES

Audiences du Parlement, second Tome, Livre 3. Chapitre 12. page 242.

Ledit Journal imprimé à Paris chez Cochart 1692. revû par Me François Jamet de la Gueffiere, Avocat en Parlement.

D'un second mariage contracté auparavant que d'avoir fait déclarer le premier nul, que l'on prétendoit avoir esté fait par force & par violence.

LE Jeudy 11. Mars 1660. en l'Audience de la Grand-Chambre, cette cause fut plaidée entre Gilles Bigot Secretaire du Roy, Appellant comme d'abus d'une Sentence rendue par l'Official de Paris, & de la célébration du mariage par luy contracté avec Jeanne le Tourneux, d'une part ; Jean Freart aussi Apellant & Demandeur en Requeste, & Jeanne le Tourneux, Intimée d'autre part. Il s'agissoit de la validité de deux mariages, ou plûtôt lequel des deux devoit subsister.

Dans le fait, dont les circonstances étoient considerables, il est à observer que Jeanne le Tourneux estoit née à Laval ; sa mere après le décès de son mary fut éluë Tutrice de ses Enfans. Elle quitta la Ville de Laval, & se retira à Vannes en Bretagne avec ladite Jeanne le Tourneux qui étoit âgée de 17. ans. Elle fut recherchée en mariage par le nommé Freart. Comme la Coutume de Bretagne requiert que l'on obtienne un décret quand on veut marier une fille, le Juge ordonna en présence de la mere & de quelques parens, qu'il seroit passé outre à la célébration du mariage ; & attendu que c'étoit dans le tems de l'Avent, il y avoit eu dispense du tems & de deux Bancs, à la charge d'en faire publier un troisiéme. Cette dispense estoit datée du 14 Décembre 1650. Le Dimanche 18 du même mois à deux heures après minuit, le mariage fut celebré par le Curé, sans faire de Contrat de mariage. En 1651. trois mois après la célébration du mariage, Jeanne le Tourneux fit plainte pardevant le Juge Royal de Vannes ; demanda d'être separée des biens & d'habitation, & déclara néanmoins que si sondit mary la vouloit traiter plus humainement, elle retourneroit avec lui : Le Juge faisant droit sur cette Requeste, ordonna qu'elle retourneroit en la Maison de son Mary, auquel il enjoint de la traiter maritalement. Toutes-fois cette Sentence ne fut point executée ; car Jeanne le Tourneux revint avec sa mere à Laval, & vint quelque tems après à Paris, où elle eut habitude avec Bigot pendant trois ans, & eut un enfant de luy qu'il fit baptiser sous son nom, quoiqu'il n'y eût point encore pour lors de mariage entr'eux. En 1657. il contracta mariage avec elle, suivant les formes prescrites dans l'Eglise de S. Gervais, en presence du propre Curé. Dans la même année il envoya Jeanne le Tourneux à Vannes, pour faire casser son premier mariage ; elle fit assigner Freart pardevant l'Official de Vannes, prétendant que le mariage estoit nul ; qu'elle y avoit été contrainte par force & violence. Freart comparut à l'Officialité, & déclara qu'il lui étoit indifferent que le mariage subsistât ou non ; mais qu'il soûtenoit qu'il n'y avoit point eu de force ny de violence ; qu'il est vrai que lors de la célébration de leur mariage, il estoit pris de vin, & que le mariage ne fut point consommé. L'Official ordonna que ladite le Tourneux feroit preuve des faits de force & de violence par elle articulés ; & ledit Freart au contraire, si bon lui sembloit. En consequence de ce Jugement elle fit une enquête, où il y avoit preuve de la violence qui lui avoit été faite par sa tante, pour l'obliger à consentir à ce mariage. Les choses estant demeurées en cet état, elle s'en revint à Paris trouver Bigot qui ne la voulut point recevoir, & lui refusa l'entrée de sa maison. Il la fit assigner à l'Officialité de Paris, & demanda que son mariage avec elle fût delaré nul, attendu qu'il ne sçavoit rien du premier mariage d'elle avec le nommé Freart, pour raison de quoy il disoit avoir appris qu'il y avoit Instance qui étoit encore indécise à l'Officialité de Vannes. Sur un fait de cette qualité, l'Official de Paris voyant qu'il ne pouvoit rien statuer diffinitivement sur la validité ou inva-

lidité du mariage dudit Bigot, rendit une premiere Sentence, par laquelle il ordonna
que Bigot juſtifieroit de cette Inſtance pendante à l'Officialité de Vannes, & leſdites
Pieces ayant été apportées à l'Officialité de Paris, l'Official ordonna par une feconde
Sentence, qu'avant de faire droit & de prononcer ſur la nullité du ſecond mariage, les
Parties feroient diligence de faire juger ladite Inſtance pendante à l'Officialité de
Vannes.

Bigot avoit interjetté appel comme d'abus de l'une & de l'autre des Sentences, en-
ſemble de la célébration de ſon mariage avec ladite le Tourneux. Il avoit auſſi interjetté apel comme d'abus de la procedure faite à Vannes, en ce qu'il avoit été ordonné
que Jeanne le Tourneux feroit preuve par témoins des faits de force & de violence
par elle mis en avant : Jean Freart étoit pareillement Appellant comme d'abus de
la Sentence de l'Official de Vannes, qui permettoit la preuve par témoins des faits de
force & de violence, & il avoit preſenté ſa Requête au Parlement, & demandé que
ladite le Tourneux, attendu ſa mauvaiſe vie & l'adultere par elle commis, fut raſée
& miſe dans un Cloiſtre, pour y vivre le reſte de ſes jours.

Ragueneau pour Mᵉ Gilles Bigot, diſoit pour moyens d'appel comme d'abus, tant
de la ſolemniſation de ſon mariage, que des Sentences de l'Officialité de Paris, que
ladite le Tourneux avoit contracté un premier mariage qui ſubſiſtoit encore avec
ledit Freart, & par conſequent qu'elle n'avoit pû contracter un ſecond mariage auparavant que le premier eût été déclaré nul. A l'égard de Mᵉ Bigot, comme il n'avoit
point eû connoiſſance de ce premier mariage, qu'on ne devoit point lui imputer à
faute s'il a contracté le ſecond ; il eſt dans une bonne foy toute entiere : il n'y a que
Jeanne le Tourneux qui ſoit coupable ; & l'Official de Paris ayant vû par les Piéces
qui luy avoient été repreſentées, la preuve du mariage, il avoit dû prononcer diffinitivement ſur la nullité du ſecond mariage de Bigot, & non pas ordonner une preuve
par témoins du fait, de force & de violence, pour raiſon du premier mariage qui
eſtoit juſtifié par écrit. Il paroiſſoit que ledit mariage avoit été celebré par le propre
Curé, avec diſpenſe du tems & des Bancs, en preſence de la mere de ladite le Tourneux, de ſon oncle & de ſa tante, du conſentement & autorité du Juge qui avoit
décreté le mariage ſuivant l'uſage de la Province de Bretagne, où le mariage avoit
été fait, ainſi que la preuve par témoins contre des actes ſi autentiques n'étoit pas
recevable ; qu'elle eſtoit contre la diſpoſition du droit écrit, & contre l'Ordonnance.
Il y avoit d'ailleurs la cohabitation qui avoit été entre ledit Freart & ladite le Tourneux, qui faiſoit une eſpece de ratification de mariage, & qui levoit toute ſuſpicion
de force & de violence. Il y avoit encore une fin de non-recevoir contre le fait de
force & de violence alleguée par ladite le Tourneux, en ce qu'elle avoit preſenté
Requête au Juge Royal de Vannes peu de tems après ſon mariage avec Freart, par
laquelle quoiqu'elle ſe plaignît de ſes mauvais traitemens, néanmoins elle avoit con-
ſenti & fait des offres de retourner avec lui, pourvû qu'il la traita maritalement, ce
qui avoit été ainſi ordonné par le Juge ; de ſorte que le premier mariage étant certain
& veritable avec Freart, il eſtoit conſtant que ladite le Tourneux n'avoit pû ſe marier
avec le Sʳ Bigot, c'étoit un mariage nul qui avoit dû eſtre déclaré tel par l'Official de
Paris.

Raviere pour Jean Freart conclut en ſa Requête, par laquelle il demandoit que ladite le Tourneux fût condamnée à être raſée & miſe aux Madelonêtes pour y finir ſes jours,
attendu qu'elle eſtoit convaincuë d'adultere, dont elle demeuroit d'accord, puiſqu'elle
avoit eu habitation avec Bigot & peut-être avec d'autres, nonobſtant ſon premier mariage qui avoit été celebré dans les formes preſcrites par l'Egliſe & par l'Ordonnance.

Severt pour Jeanne le Tourneux, a ſoûtenu que le ſecond mariage fait avec Bigot
étoit bon & valable, à cauſe que le premier mariage contracté par elle avec Freart étoit
nul, ayant été fait par crainte & par force, contre lequel elle s'étoit plainte, & dont
il y avoit Inſtance pardevant l'Official de Vannes qui n'étoit pas encore terminée,
au préjudice de laquelle on ne pouvoit pas déclarer nul le mariage par elle contracté
avec Bigot ; parce que le premier mariage ſe trouvant nul, le ſecond étant fait avec
toutes les ſolemnités de l'Egliſe, étoit valable, & partant qu'il falloit auparavant toutes choſes proceder ſur la validité du mariage avec Freart, & regler s'il y avoit un
premier mariage avant de prononcer ſur le ſecond ; de ſorte qu'il avoit été bien jugé
par l'Official de Paris, qui avoit ordonné que les Parties feroient juger l'Inſtance pendante pardevant l'Official de Vannes ſur la validité du premier mariage ; ainſi il n'y
avoit pas lieu de la part de Bigot ni de Freart, d'en interjetter apel, parce que ſuivant
la diſpoſition des Loix, au titre, *De Ordine cognitionum*, les actions préjudiciables
doivent être jugées auparavant toute choſe, cela fût ainſi jugé par l'Arreſt des Au-

briots pour un Religieux , lequel ayant fait profession , & depuis ayant obtenu un Refcript de Cour de Rome, pour être reftitué contre fes Vœux, s'étoit marié : fon ma-riage fut jugé valable nonobftant que le Refcript n'eût été entheriné que long-tems après le mariage. Par la même raifon , il eft indubitable qu'auparavant de pouvoir donner atteinte au fecond mariage de Jeanne le Tourneux avec Bigot , il étoit necef-faire d'éxaminer & de faire juger la validité du premier mariage qu'elle avoit con-tracté en 1650. avec Freart ; & pour repondre à l'objection qu'on avoit fait , fçavoir, qu'on ne pouvoit contracter valablement un fecond mariage , y en ayant un premier, la réponfe eft qu'un premier mariage étant nul , le fecond fait dans les formes , doit fubfifter fuivant les Conftitutions Canoniques , Chap. 13. *Veniens ad Apoftolicam* , *cap.* 18. *Cum in Apoftolica tit. de fponfalibus*, où il eft dit , que *litifpendentia fuper matri-monium non impedit fecundum matrimonium contrahi fi primum erat nullum* 1. *cap.* 2. *fignificavit de eo qui dux. in matr. quam poll. per adult.*

La raifon eft, que deux mariages ne fe pouvoient également détruire, il falloit né-ceffairement que l'un ou l'autre fubfiftât. Le premier mariage contracté par Jeanne le Tourneux avec Freart étoit nul , parce qu'il avoit été fait fans qu'elle y eût confenti. Il étoit juftifié de la force & de la violence que fa tante avoit exercée fur fon efprit , *ma-trimonium metu contractum erat ipfo jure nullum* ; & par confequent le fecond mariage avec Bigot étoit bon , puifque le premier étoit nul & fait contre fa volonté. Il n'y a rien de plus effentiel au mariage que le confentement de la fille. Il y a un bel exemple dans l'Ecriture Sainte , au Chapitre 24. de la Genefe. Rebecca ayant été demandée en mariage pour Ifaac fils d'Abraham , fes parens lui demanderent fa volonté, *Vocemus puellam & quæramus ipfius voluntatem, cumque vocata veniffet , fifcitati funt, vis ire cum ho-mine ifto ? quæ ait vadam, & dimiferunt eam* , dit l'Ecriture; ce qui fait connoiftre que le confentement de la fille eft abfolument neceffaire pour la validité d'un mariage ; & fi elle a été contrainte , le mariage eft nul. En matiere de nullité de mariage , il y a deux fortes de nullités ; nullité dans la forme, laquelle eft de droit pofitif , la feconde nullité eft par défaut de matiere , qui eft de droit divin : & l'Eglife peut bien confir-mer un mariage nul par défaut de forme, mais non pas quand le mariage eft nul par défaut de matiere ; ainfi le premier mariage de Jeanne le Tourneux n'ayant point eu ce qui étoit effentiel , fçavoir le confentement, il eft nul , & le faut confiderer comme s'il n'avoit point été ; d'autant plus que Freart , lors de la célébration du mariage, étoit demeuré d'accord qu'il étoit pris de vin , & que le mariage ne fut point con-fommé. Cela préfuppofé , que le fecond mariage étoit valable , & partant que Bigot étoit non-recevable en fon appel comme d'abus.

Monfieur Talon , Avocat General, remarqua que les moyens d'appel comme d'a-bus dudit Bigot n'étoient aucunement confiderables : Premierement, à l'égard des Sen-tences de l'Official de Paris, ledit Official ne pouvoit pas faire autrement ni mieux, que d'inftruire fa Religion par la premiere & la feconde Sentence ; par la premiere il a reconnu la verité de la litifpendance , pour raifon du premier mariage qu'il ne pouvoit évoquer. Il a vû que le premier mariage n'étoit point de fa competence , au moyen de quoi il ne pouvoit prononcer diffinitivement fur la validité ou nullité du fecond mariage , jufqu'à ce que l'Inftance pendante pardevant l'Official de Vannes fut termi-née : & fi l'Official de Paris avoit jugé autrement qu'il a fait, fa Sentence feroit abufive. Il n'y a point non plus d'abus dans la Sentence de l'Official de Vannes, qui ordonne la preuve par témoins, des faits de violence, parce que c'eft une matiere de la compé-tence de l'Eglife en qualité de Sacrement , & il n'y a point de doute que la preuve du fait de force & de violence ne foit recevable par témoins , comme toutes fortes de Contrats font nuls quand ils font paffez par force & par contrainte, la preuve en doit néceffairement être faite & reçûë par témoins, parce que ceux qui font la violence & qui contraignent par la force de paffer un Acte , ne font jamais aucun Acte par écrit qui puiffe donner à connoiftre leur violence ; de forte que fi la preuve teftimoniale étoit rejettée , il ne fe pourroit jamais faire qu'un Acte paffé par force & par contrainte fût caffé , parce que la preuve par témoins n'étant pas reçûë, jamais la preuve ne s'en pourroit faire par écrit , par exemple, fi quelqu'un avoit contraint un autre de paffer un Contrat , une promeffe , ou une obligation, il eft certain que ces Actes ne peu-vent être declarez nuls, en difant qu'il y a en force & contrainte , fi la preuve ne s'en fait par témoins , n'y ayant jamais aucun Acte par écrit qui juftifie de la force & de la violence ; ce qui étoit à remarquer fur la nullité du mariage de Jeanne le Tourneux avec Freart , & qu'il ne paroiffoit point qu'elle eût confentie à ce mariage, ny qu'elle eût figné aucun Acte : Et quoiqu'elle fçût figner , elle n'avoit point figné la procedure du decret émané du Juge de Vannes ; ainfi l'on pouvoit foûtenir que ce decret étoit nul, car quand la Coutume de Bretagne ordonne, que pour la validité du mariage des mineurs, il faut un decret du Juge du domicile des Parties, tel décret se doit faire avec connoissance de cause. La disposition de cette Coutume est très-sage, & est tirée du droit civil, prohibitif d'aliéner le bien des mineurs, si ce n'est par autorité du Préteur. Aussi la Coutume en admettant cette disposition, a consideré l'état d'un mariage comme une veritable alienation de la personne d'un mineur, où il doit y avoir plus de précaution que pour l'alienation des biens ; & c'est pourquoy il faut que le décret se fasse avec connoissance de cause, les parens tant paternels que maternels y doivent être appellez de même que dans les tutelles, ce qui n'a point été observé ; il paroissoit par l'enquête que ladite le Tourneux avoit été contrainte & violentée par sa tante, pour consentir au mariage qu'elle a contracté avec Freart. Ainsi elle soûtient que c'est la crainte qui l'a engagée à ce mariage, & non point sa volonté qui l'a determinée. *Numquam fidele consilium daturus est timor* ; il faut même faire différence du mariage d'une fille d'avec celui d'un garçon : A l'égard d'une fille, à moins que son consentement ne soit exprès formel, on peut dire qu'elle n'a point consenti au mariage : A l'égard d'un fils, il suffit qu'il n'ait point apporté de résistance pour dire qu'il a contracté mariage volontairement. Il y a plusieurs degrez de crainte, dont les femmes, par la foiblesse de leur sexe, sont même plus susceptibles que les hommes.

Les Canonistes ont admis quatre causes qui rendoient un mariage involontaire, *vis, metus, furor, & ebrietas*, parce que pour rendre & faire qu'un consentement fût libre, il falloit deux choses, la première, qu'il n'y eût point d'erreur ; la seconde, que la volonté ne fût point troublée d'aucune passion, & les Théologiens, quand ils parlent du consentement libre & volontaire, qu'il est necessairement requis pour la validité d'un mariage, observent deux choses pour la liberté du consentement ; l'une qui regarde l'entendement, & l'autre la volonté ; la première est une connoissance parfaite de ce que l'on fait, qui est suppléée ordinairement dans les mineurs par la prudence des parens, parce que les enfans n'ont pas encore pour lors toute l'experience necessaire en cette occasion pour faire un choix qui leur soit avantageux. Pour ce qui est de la volonté, il faut toujours qu'elle soit libre, & quand la cause impulsive est extérieure, & que la volonté est obligée, malgré elle, à condescendre à ce qu'on exige, alors cet Acte n'est pas absolument libre.

A l'égard de la cohabitation, dont on s'est servi pour fin de non-recevoir, on n'en peut pas faire la ratification d'un acte qui de soy est nul. Elle avoit quitté Freart trois mois après son mariage, & une habitation de si peu de tems, n'est pas suffisante pour faire une fin de non-recevoir contre une personne quand elle réclame, & pour l'exclure de sa plainte quand elle soûtient que l'on a usé de violence, & qu'elle demande d'en faire la preuve.

Pour ce qui est des moyens d'abus de Bigot de la celebration du second mariage, il ne pouvoit presentement être considerable ; car tout dépend de sçavoir s'il y a eu un premier mariage. S'il ne subsiste pas, & qu'il soit déclaré nul, c'est tout ainsi que s'il n'y en avoit jamais eu. Cela estant, on aura de la peine d'atteinte au second mariage fait avec Bigot, qui étoit un majeur de 35. ans, lequel a épousé une femme de 24. ans, qui soûtient la validité de son mariage. Le moyen qui résulte de la mauvaise foy de l'Intimée d'avoir contracté un second mariage, sans avoir au préalable fait déclarer le premier nul, est une faute & un défaut, mais ce n'est pas un moyen diriment de son mariage avec Bigot, si par l'évenement le premier se trouve nul, parce que quand l'Eglise prononce sur un mariage nul, c'est tout ainsi que s'il n'y en avoit jamais eu : ainsi le second qui est fait dans les formes avec Bigot devroit subsister. Et si le premier mariage avoit lieu, ayant été sçû par Bigot, ce seroit un crime de polygamie, qui non seulement est deffendu dans le Royaume, mais qui est capital, & mérite le dernier supplice ; de sorte qu'auparavant toutes choses, il est préalable de faire juger l'instance pendante à l'Officialité de Vannes, pour raison de la nullité du premier mariage.

Conformément aux Conclusions, LA COUR, sans avoir égard à l'intervention & Requête de Freart, a mis & met sur l'appel comme d'abus des Sentences de l'Officialité de Paris & de Vannes, les Parties hors de Cour : Et avant faire droit sur l'appel comme d'abus de la célébration du mariage de Bigot : Ordonne que les Parties feront juger dans six mois l'Instance pendante à Vannes, en résolution du premier mariage, & sans dépens.

www.ingramcontent.com/pod-product-compliance
Lightning Source LLC
Chambersburg PA